“畅游大学”系列丛书

“畅游大学”之职业生涯规划攻略

于　乐　黄　海　王　勋　杜　辉　何琪蕾　编著

科学出版社
北　京

内容简介

步入大学后，每位同学都会面临对未来的焦虑和迷茫，需要尽快做好个人职业生涯规划，从而更系统地完成大学学业，更明晰未来的去向。《"畅游大学"之职业生涯规划攻略》作为"畅游大学"丛书的第二本，以国内双一流高校学生工作从业者的视角，从对职业规划的认识、探索到自己做出决策，有效地引导学生掌握和遵循职业生涯规划的科学规律，准确定位，果断决策，制定适合自己的职业生涯规划,助力成长成才,具有很强的现实指导意义。

本书既可作为大学生的必修教材,帮助他们从中学到必要知识；也可作为学生家长的课程辅导图书，帮助他们从中了解行业形势；同时又可作为高校学生工作从业者的基本工具书，帮助他们从中掌握育人规律。

图书在版编目(CIP)数据

"畅游大学"之职业生涯规划攻略 / 于乐等编著. — 北京：科学出版社，2019.9

ISBN 978-7-03-061192-5

Ⅰ.①畅… Ⅱ.①于… Ⅲ.①职业选择-高等学校-教材 Ⅳ.①G647.38

中国版本图书馆 CIP 数据核字（2019）第 086302 号

责任编辑：张 展 雷 蕾 / 责任校对：彭 映
责任印制：罗 科 / 封面设计：墨创文化

科学出版社出版
北京东黄城根北街16号
邮政编码：100717
http://www.sciencep.com

成都锦瑞印刷有限责任公司印刷
科学出版社发行 各地新华书店经销

*

2019年9月第 一 版 开本：787×1092 1/16
2019年9月第一次印刷 印张：9.75
字数：231 000

定价：59.00 元
（如有印装质量问题,我社负责调换）

《“畅游大学”之职业生涯规划攻略》
编委会

主　编：于　乐　黄　海　王　勋

副主编：杜　辉　何琪蕾

编　委：马琳慧　雷　蕾　余　盈　陈苗苗
张　倩　郭正宇　韩孟洁　雷　颖

前言

进入大学后，相信每一位同学都思考过一个问题："我将如何度过我的大学生活？"随之而来的还有许多对未来的焦虑和迷茫："我的专业学习应该如何进行？""我的课余时间应该如何安排？""大学毕业之后我可以做什么？"对于刚刚踏入大学的青年学生来说，未来的目标不再像高中时代那样紧张而清晰。步入大学，其实已经成为半个"社会人"。作为一名青年大学生，更应该树立一个全新的意识：独立自主，做好个人的职业生涯规划。职业生涯的规划，不仅是为了在大学期间能更好地接受系统的专业学习，也是为了对毕业后的就业和事业发展做好准备。职业生涯的规划，会直接影响到大学期间的学习、生活质量，更直接影响到就业求职甚至未来职业生涯的成败。

为了更好地指导大学生认清自我、解读职业、准确定位、果断决策，帮助大学生群体系统地进行学习和实践，我们组织编写了《"畅游大学"之职业生涯规划攻略》这一大学生教育读本。我们认为，职业生涯规划是一个自我审视，自我定位，自我完善的过程。掌握和遵循职业生涯规划的科学规律，可以更好地提升自我，助力成长成才。本书面向在校大学生，通过认识篇、探索篇、决策篇三个板块对大学生的职业生涯规划进行全面阐述，希望每位大学生朋友都能够畅游精彩大学，收获绚丽人生。

认识是基础。千里之行，始于足下。在生涯之路上开始"探险"，必不可少的是对这条道路的清醒的认识，这也是同学们科学规划的基础。认识篇从职业的概念与内涵、职业的分类、职业的发展趋势等探讨生涯之路的有道可循；从大学生职业生涯规划设计的内容、步骤和评价体系探讨如何提前谋划。

探索是核心。知彼知己，百战不殆。在生涯之路上勇敢"迈步"，需要对自己确立一个清晰准确的定位。探索篇从个人性格、兴趣等多方面提供探索自我的方法；从行业发展、就业形势、国家和社会的急需人才发掘大学生不易探索的工作世界。

决策是关键。全力以赴，尽其在我。在生涯之路上沿途"观景"，需要使自己的能力得到最大的展现和最顺利的发挥。决策篇从如何梳理自己的职业准备、树立良好的职业意识、做好完善的职业决策等方面，充分阐述更有价值的职业行动。

本书编委会由具备丰富高校学生教育管理经验的专家和多年从事一线工作的辅导员构成。全书理论结合实践，案例结合点评，内容贴近学生，操作贴近实际。归纳起来，本书具备以下几个显著特点：

一是可读性强。本书内容由浅入深，通过案例分析和阅读小贴士等特色板块，总结普遍存在的典型问题，为读者提供“过来人”的阅读和思考角度，帮助大学生完成自我审视。

二是针对性强。本书针对大学生及其家长普遍关心的职业生涯规划问题，从个体到社会全方位进行分析，并结合高校目前面临的新形势、新环境、新问题，帮助大学生做好自我定位。

三是实用性强。本书立足于大学生的学习生活实际，结合日常发生的案例，给出中肯的分析和建议，提供诸多新理念、新思路、新办法，让读者能够更好地完善自我。

读者朋友，自党的十八大以来，以习近平同志为核心的党中央把高校思想政治工作摆在突出位置，做出一系列重大决策部署加以推进。培养什么样的人、如何培养人、为谁培养人成为当前和今后一段时期内高校必须面对和准确作答的问题。党的十八大以来，我国就业工作佳绩连连，就业局面稳定向好。在经济发展进入新常态的大背景下，从高校的思想政治教育入手，引导和指导大学生做好职业生涯规划，进一步提升就业质量。为我国社会主义建设提供源源不断的人才供给，是贯彻落实党的十九大精神和全国高校思想政治工作会议精神的有益实践，是进一步加强和改进新形势下大学生思想政治教育工作的创新实践成果，基于此，我们将本书付梓出版。

因时间紧迫，编者能力有限，本书难免有不足之处。希望能得到读者朋友们的批评指正。书中的参考文献可能标示不全，在此向相关作者表示歉意。若本书能成为广大大学生朋友进行职业生涯规划时的攻略手册，能成为大学生家长们了解孩子职业现状的一座桥梁，能成为教育界同仁们可借鉴的素材，能成为高校在实现全员育人、全程育人、全方位育人的进程中的有益尝试，实为本书及全体编者之幸。

“畅游大学”丛书编委会

目录 CONTENTS

Part1

认识篇　身未动，心已远

◆ 生涯之路，有道可循

◆ 提前谋划，胸有成竹

第一章　生涯之路，有道可循

☑ 本章导读

你说毕业遥遥无期，转眼各奔东西。一到毕业季，许许多多的高校毕业生就不得不离开校园，进入社会这所更大的学校。在二十几岁的年纪，我们面临许多人生选择，考研还是工作？去“北上广”还是回老家？找专业对口的工作还是为高工资而找工作？都说一千个读者就有一千个哈姆雷特，一千个毕业生也就有一千种生活的状态。在二十几岁的年纪，我们该做些什么？如何规划自己的未来？如何获得职业的成就？

让我们走进本章，一起了解职业生涯和职业生涯规划。

☑ 典型案例

案例1：小林进入大学已经有一段时间了，成为“老生”的她对大学生活的新鲜感也在逐渐褪去，她每天都过得很充实，上课、听讲座、参加社团活动、做兼职……忙起来的时候她也会感到很疲惫，可是想着要为毕业找工作打下基础，她又觉得这些付出是值得的。但是毫无头绪的忙碌让她耗费了不少精力，却没有成就感，她因此而陷入迷茫。

案例2：进入大学以后，小李觉得自己每天过得浑浑噩噩的。与高中相比，大学里多了不少自主安排时间，可是他除了跟着学校的教学安排上课以外，课余时间并不知道该做点什么。看着其他同学参与社团活动、科创比赛不亦乐乎，自己却好像对这些都不太感兴趣，除了学习，再也找不到别的事可做，时间一长，他陷入了迷茫和焦虑，学习动力也开始变得不足。

第一节 职业概述

◎职业的概念与内涵

“职”在汉语中的本意是职业或者职务。《书·周官》中有“六卿分职”；《周礼·天官·大宰》中则有“九曰闲民，无常职”。“业”包含学习的内容或者过程，以及业务、工作、事业和产业等内涵。《汉书·萧望之传》中有“家世以田为业”的提法。职业在《现代汉语词典》（第七版）中被解释为：“个人在社会中所从事的作为主要生活来源的工作”[1]。

职业的内涵可以从不同的角度去理解：

从社会分工角度出发，职业是指人们以社会分工为基础，在获得物质收入的同时，体现并努力实现其生活意义的社会化工作。美国社会科学家阿瑟·萨尔兹给职业所下的定义是：“人们为了获取经常性的收入而从事连续性的特殊活动，这种活动具有市场价值，并且决定着人们的社会地位。”现代社会中，职业是个人与特定的生产资料相结合所形成的特定劳动方式或状态，它是个人在社会中获得生存和发展的依据，是个人为社会创造财富、做出贡献的手段与前提。一个人的职业对他的思想观念、行为方式以及人格特征都会产生重要影响。职业导致了工作相关的人群关系和社会关系的形成，构成了职业群体。

从个人角度出发，职业是指人们为了谋生和寻求发展而从事的相对稳定的、有经济收入的某种专门类别的脑力或者体力劳动，是人们在不同组织、不同时间从事相似活动的一系列工作的总称。职业是指随着社会分工而出现的，并随着社会分工的稳定发展而构成的人们赖以生存的不同的生活方式。因此，职业是劳动者寻求生计、谋求发展、实现和创造自身价值、建立社会联系的主要途径。

综合以上观点，职业是指人们以社会分工为基础而从事的相对稳定的、有收入的、专门类别的工作。它是对人们的生活方式、经济状况、文化水平、行为模式、思想情操的综合性反映，也代表了一个人的权利、义务，权力、职责，从而是一个人社会地位的一般性表征。

☑ 案例分析

案例：小张是一名工科生，在校期间一直担任各种学生干部，为人处世也很不错，算是社会实践经验较丰富、工作能力较强的学生。毕业时他曾有机会留校，但他考虑再三，最终放弃了这个机会。原来他心中早已有了明确的就业方向：去外企做销售或管理。这是他长期自我剖析后得出的。第一，他的兴趣并非技术，而是基于技术层面的管理或销售；第二，他最大的优势是英语很棒，尤其是口语。在校期间他成功争取到英特尔公司校园大使的机会，与英特尔公司建立了密切的关系。毕业时虽然他有其他工作机会，包括研究所、学校和民营企业，但经过慎重考虑，他最终选择了英特尔公司，他为自己设计的职业发展生涯是：充分发挥自己的专业优势，从基础的销售工作做起，接受公司高层次的培训，做出一定业绩，最后进入较高的管理岗位。

案例点评：很多大学毕业生就业存在的最大的问题是缺乏职业规划，对自己定位不准，人云亦云，找到的工作与自己的兴趣爱好或专业不符合，到工作单位后，才发现找工作并不能真正实现自己的人生理想，甚至相差甚远。小张的案例恰好说明了尽早确定目标，早做职业规划，主动寻找机会，一定能实现自己的人生理想。

阅读小贴士　大学生怎样找到最适合自己的专业？

面对纷繁的专业，很多大学生不明白自己到底喜不喜欢现在就读的专业，进入社会后自己所学的专业到底有没有用，自己的职业规划到底该如何做。如果你也面临这样的问题，那么你得开始做专业调研了，如何做专业调研呢？

一、找一群志同道合的人

相信在大学里，身边很多人都有对专业认识不清的迷茫感，把这些人组织起来，号召大家收集10个比较感兴趣的专业（人多力量大，一群人一起收集资料也快一些，又不会觉得无聊），分别做以下调研。

二、调研内容

1. 这个专业是什么？
2. 这个专业都学什么？
3. 这个专业有哪些名校和名师？
4. 与这个专业相关的专业有哪些？
5. 这个专业对社会和生活有什么用？
6. 学这个专业的学生毕业后都能做什么工作？
7. 学这个专业的牛人、名人都有谁，他们成就如何？
8. 这个专业领域的权威企业有哪些？

9. 学这个专业的上几届学子目前的状况如何？

10. 怎样才能学好这个专业？

11. 这个专业学习的圈子和资源都有哪些？

三、筛选出三个专业

通过对专业内容的调研，相信大家对这10个专业都有一定的了解了，那么选出你认为比较喜欢的三个专业应该不难吧。当然，选择时也是讲求方法的。比如，你可以先确定自己是想走技术路线还是走管理路线。若走管理路线，你就在大学侧重工商管理、人力资源管理之类的学习；若走技术路线，你可以选择计算机技术、网页设计、服装设计等。比如计算机技术又可以分侧重编程方面的设计师、侧重电脑硬件维护维修方面的维修工等。这样一直细分下去，你也就可以逐步慢慢确定自己的大致方向了。

四、学习和了解三个专业

了解是选择的基础，只有足够地了解筛选出的三个专业，你才能在其中选择出自己最喜欢、最合适的。不要妄图不去研究答案就已然在胸，如果是那样，你的答案也不会是最接近心灵的。不经历，怎会知道对与错，所以最好的方式是在大学时，去这三个专业分别对应的三个公司实习，在每个公司待的时间长短就看自己了。

五、选出最适合自己的专业的参考标准

1. 对这个专业的总行情最了解。
2. 能写与这个专业相关的文章。
3. 知道这个专业领域的最新活动和进展。
4. 能与这个专业领域的人士对话。
5. 明确这个专业的毕业出路。
6. 喜欢看这个专业的书籍。
7. 经常去听这个专业的课或讲座，并且常发表言论。
8. 愿意和别人谈论关于这个专业领域的事情。

如果你真按照上面的做了，相信一定可以在了解自己的基础上，找到你喜欢的专业，那么你的大学职业生涯规划还难吗？

（资料来源：微信公众号“职业规划”）

◎职业的分类

职业的分类是按照劳动者所从事的工作性质进行的分类，社会分工是职业分类的依据，在社会生产分工体系中，劳动对象、劳动工具以及劳动支出形式都各有特殊性。这种特殊性决定了各种职业之间的区别。

为了给不同国家的职业分类提供一个规范化的基础标准，以便在国际进行有关职业资料的比较与交流，1949年在国际劳工组织召开的第七届国际劳工统计专家会议上通过了《国际标准职业分类（草案）》，拟编制一本《国际标准职业分类》。多年来在许多国家政府、国际组织的协助下，终于完成了《国际标准职业分类》的初版发行，后几经修订，现已成为世界各国建立本国职业分类体系的蓝本。

《中华人民共和国职业分类大典》是我国对职业进行科学分类的权威性材料。它根据国际标准职业分类和我国标准职业分类的内容，整理出8个大类，1481个职业。

◎职业的发展趋势

随着社会的不断发展，职业也在不断地发生着变化。当世界经济一体化和全球化发展趋势成为现实的时候，世界各国的经济发展和社会进步都呈现出日新月异的变化，不少传统职业逐步消亡。随着我们国家经济快速的发展，“互联网+”的快速推进，人们工作的方式、职业发展的趋势都发生了深刻的变化，其中最典型的就是以下四种。

1. 以工作任务为核心的工作方式逐渐地增多

可能很多人习惯了上班打卡、下班打卡这样的职场生活，随着互联互通和非专业化岗位的增多，以工作任务为核心的新的工作方式会越来越受到各个企业的欢迎，比如说你具备某项技能，很多企业都需要具备这项技能的人才，单个企业设置一个专职的岗位是一种浪费，但若没有这种人才，工作就没有办法开展，以工作任务为核心的职业应运而生，用你的专业为三家企业，甚至四家、五家企业同时服务。

2. 非正式的组织越来越受欢迎

因为共同的专业、共同的爱好而组织起来的非正式的组织会越来越多，在法律允许的范围内，人们利用自己的专业优势，组织起来，虽然互相没有见过面，却能够在网上实现共同的目标，这种组织，依靠大家相互之间的监督和个人的信用，在获得利益之后进行恰当的分配，这种形式的职业也会越来越多。

3. 定制化的人才越来越普遍

大量微小企业的“遍地开花”，为定制化人才时代的到来奠定了雄厚的基础，因为企业在各个时期对人才的需求是完全不一样的，在创业时期可能需要的是全才，而且其动手的能力必须强，在企业成熟的时期，需要的是专才，其管理的能力需要很强，所以这就出现了庞大的定制人才的需求，这个趋势也越来越明显。

4. 新的职位越来越多，原来的职位消失地越来越快

随着产业不断地更新和淘汰，新的经济形态催生着新的职位。五年前，自媒体作者这个职业，可能很多人都没听说过，但是现在这个职业却是一个很受人尊敬的职业，不断地

有新行业涌现，就会不断有新的职业出现。

阅读小贴士　未来职业发展的七大趋势

七大趋势必将对各类职业、创业机会、未来员工所需的技能产生影响。对未来大趋势的预判旨在帮你了解可能会受哪些影响，以及今后需要为职业道路做怎样的准备。

一、全球化：你真的不是一个人在战斗

当前全球商业正在发生重大转变。麦肯锡咨询公司预计，全球半数大企业都将把总部设在新兴市场，如巴西、印度和东欧国家。由于世界范围内竞争的压力和其他因素，2000年曾入选《财富》美国500强的企业中，竟然有四成以上在2010年都落榜了，新上位的都是业界新贵和科技企业。

二、改变工作的定义：灵活适应，完成新任务

什么是工作？在网上搜索工作的定义就不难发现，已经几乎没人会局限于谷歌搜索引擎提供的第一种定义：一个稳定的带薪岗位。当然，我们干活拿薪水，但只有一个收入来源，还要稳定？

如今的工作更像是谷歌的第二种定义：一项任务或者某种工作的一部分，特别是带薪的那种。当前的情况是，同时将多个职位合并在一起，或者聘请自由职业者完成一系列工作。

由于工作量不断变化，无论劳动者的技能和意愿是否完全匹配，都要灵活适应，完成任务。许多企业高管计划今后几年增加临时的兼职人员或者工作时间灵活的员工。这意味着，企业会为某个具体项目聘用具备相关技能的人才，而不再提供全职岗位。

工作完成的方式也在迅速转变。随着工作时间和个人时间相互交织，工作日和私人时间的界限也越来越模糊。

三、复杂性：越复杂，越具有挑战性

企业和个人都越来越复杂。在企业方面，随着各国政府监管层级累加，复杂性随之增加。而不同客户的独特需求，也将进一步增加这种复杂性。

在这种情况下，企业唯有精简机构，进一步简化流程、系统，重振企业文化，才能够在未来拥有竞争优势。

而对于个人而言，一方面要把握复杂形势，另一方面要平衡各方面不断增长的需求。斯坦福大学的研究者就指出了影响员工整体健康和幸福的许多压力因素，包括长时间工作、对职业的不安全感、工作与家庭生活的冲突等。

相关研究一致认为，这些大趋势将确立未来职场的格局。一些趋势也许看来和日常生活无关，但所有趋势都有可能完全改变未来的工作方式，还有可能令很多人，甚至某些领域的专家彻底过时。

四、人口结构变化：退休年龄延长

在全球多个经济体，医疗保健的进步和出生率下降已经导致人口老龄化、劳动力规模萎缩。随着国民寿命和工作年限延长，当前美国大部分劳动人口的平均退休年龄将为66岁，二十年前评价的退休年龄是57岁。

在大部分国家，“千禧一代”是目前人数最多的劳动群体。他们通过社交媒体积极发声，日渐改变了职场文化。

五、数据爆炸：学会重新挖掘新机会

专家预计，2009～2020年，数据总量将增长43倍。一些数据是过去的存量内容，可以很方便地导入这些数据库，另外，一些日渐增长的数据则是非结构化的，例如来自Twitter、Instagram、Facebook、Vine等社交媒体网站的数据。

认真挖掘数据并从中找出消费趋势的机构，将成为未来市场的领头羊。

六、新兴科技：机器人来了

在众多新兴的科技之中，机器人是尤为值得一提的。到2030年，预计日本人中有三分之一超过65岁，每五人中就有一人年逾75岁，老年人看护的需求极大。这就难怪日本在研发服务型机器人方面走在最前面了。

在一家2015年新开的酒店里，一款名为Actroid的仿真机器人已经上岗，为客人们提供入住服务。此外，一些护理机构里也正兴起让机器人参与看护。这些都意味着护理行业许多入门级工作将不再需要人类。

七、气候变化：每个人都在碳排放计算之列

气候变化未来将对经济产生很大影响。经合组织预计，到2050年，全世界40%以上的人口都将遭遇严重的水资源压力，而面临洪灾或者旱灾风险的资产价值，更是会增长至创纪录的高位。

节约资源是一项社会责任，也有益于节省成本。政府控制能耗、浪费、城市拥堵、运输效率、土地退化等的措施越来越多，企业应该适应形势，允许员工远程工作，这不但可以削减对硬件设施的需求，也能够帮助企业尽量减少碳排放。

本文节选自卡里·威利尔德和芭芭拉·米丝蒂克于2016年合著的《伸展力：如何为未来的职场做好准备》。

（资料来源：财富中文网）

第二节　职业生涯概述

◎职业生涯的概念

生涯，英文是career，有人生经历、职业和事业等含义。对于生涯的解释，国外理论界给出了不同的定义。

沙特尔（Shartle，1952）：生涯是指一个人在工作中所经历的职业或者职位的总称。

舒伯（Super，1957）：生涯是指一个人终生经历的所有职位的整个历程。在以后的研究中，舒伯对生涯的定义又有补充。

麦克弗兰德（McFarland，1969）：生涯是指一个人依据心中的长期目标所形成的一系列工作选择，以及相关的教育或者训练活动，是有计划的职业发展历程。

韦伯斯特（Webster，1986）：生涯是指一个人一生中职业、社会和人际关系的总称，即个人终身发展历程。

从以上观点可以看出，生涯是指与个人终身从事的工作或者职业等有关的活动过程。大多数学者都比较接受舒伯在1976年提出的生涯观点：生涯是生活中各种事件的演变方向和历程，它整合了人的一生中各种职业和生活的角色，由此表现出个人独特的自我发展形态[2]。

◎职业生涯的特性

1. 差异性

每个人选择职业的态度和条件不同，对职业发展的憧憬有差异，对职业评价的角度不一致，在职业生涯过程中所做的努力也不尽相同。这些不同使得每个人的职业生涯呈现出差异化的特性。

2. 发展性

每个人的职业生涯都是一种动态发展的过程，这种发展变化体现在两个维度上：一是职务的升迁，指在同一行业或单位中，个人职位不断晋升；二是职业的改变，即所从事的工作内容发生改变。不论是哪个维度，个人的职业生涯过程都是不断制定和实施新目标的变化过程，呈现出发展的特性。

3. 阶段性

职业生涯发展都会经历若干个不同的阶段，并且各个阶段之间具有连续性和递进性。处于不同的职业生涯阶段，其目标和任务是不相同的，这使得个人职业生涯具有阶段性的特点。

4. 社会性

人不能脱离社会而存在，人是社会关系的总和，职业生涯是个人与他人、个人与环境、个人与社会互动的结果。个人职业生涯的状态、职业选择的观念、职业能力的培养、职业需求的变化都与社会发展息息相关，个人职业生涯也会随社会发展而发生变化，这使得职业生涯呈现出社会性。

5. 可规划性

基于人们对于职业发展规律的认识和深入了解，个人职业生涯是可以通过科学方法进行合理规划的。通过对职业生涯发展主客观因素的测定、分析和总结，确定个人职业生涯的奋斗目标并选择实现目标的路径，提前做好计划和合理安排。这种可规划性也是职业生涯的重要特性之一。

◎职业生涯的分类

人一生中会扮演许多角色，其中工作者的角色耗费了我们大量的时间和心血，对个人而言，在职业生涯中会有不同的转折与职业发展情况，我们称之为职业生涯形态。根据职业生涯形态的不同，我们将职业生涯归纳为以下几类。

（1）步步高升型。即经过自己的不懈努力，无论是工作地点还是工作内容发生变化，都仍然可以得到上级主管的肯定，慢慢凸现了自身价值，走上职业的巅峰。

（2）阅历丰富型。换过不少工作，工作内容差异性较大，但凭借自身较强的综合能力和学习能力，勇于改变和创新，能够在各个不同的领域胜任不同的职务，并且颇受重视[3]。

（3）得天独厚型。因为家庭的关系，很早就确定了个人职业发展方向，经过栽培与精心安排，顺利成为公司的决策核心，组织的发展与个人生涯密切结合。企业家的第二代往往属于此种类型。

（4）稳扎稳打型。在工作初期，处于职业探索阶段，工作的转换频繁，经过努力，最终进入理想的职业状态，职业发展趋于稳定，行政机关、学校等行业属于此列。

（5）越战越勇型。职业生涯已有明确方向，但因某些原因遭遇打击，凭借自身毅力与能力，不断进步，积极进取，最终达成较高的工作成就。

（6）一心多用型。喜欢追求新鲜与多样化的工作和生活方式，有主要的职业，同时额外从事了自己感兴趣的工作，在稳定与创新之间找到平衡点。

（7）因故中断型。职业生涯因某些不得已的外因而中断，如身患重病、怀孕生产等，难以实施职业生涯规划。

阅读小贴士　把兴趣发展成职业，到底值不值得？

有人说，不要把兴趣当作职业，因为职业会毁了它；也有人说，只有把兴趣作为自己的职业才会快乐，才会取得成就。那我们该不该把兴趣发展成职业呢？其实关于这一点，要学习小马过河的精神，河水的深浅，只有自己亲自试过才知道，而不是站在河边一动不动。

一、首先确定你的兴趣是什么

有人说自己兴趣广泛：看电影、逛商场、购物……这些到底算不算兴趣呢？很多时候，我们在同一件事情上投入了太多的时间，以为那就是兴趣，就像看电视剧，自以为阅片无数，但是却连个“发烧友”都算不上，对情节设置、表演、道具等方面没有任何研究，更说不出个所以然来。这里的“兴趣”，不过是消费而已，是把自己的大脑当作别人思想的“跑马场”，而所谓的“兴趣广泛”，也不过是诸多的休闲娱乐活动而已。

兴趣的真正价值不在于消费，而在于生产。

做一个消费者是容易的，只要能够满足欲望和体验就好，做一个生产者是困难的，因为需要动脑和费力，需要持续投入的状态，这是两种完全不同的心理机制。多数人对生产者望而却步，只选择做一个舒服的消费者，这无可厚非，问题出在他们把自己的消费行为误当作了兴趣。兴趣不是消费完了就完了，而是把一个东西放在心上，研究它、痴迷于它，一辈子实践。

二、了解兴趣与职业的关系

职业用来养活自己，兴趣用来提升自己。

兴趣和职业分不开，也就是“我干的就是我喜欢干的，我的工作就是我的兴趣，我的兴趣就是我的工作”，这当然是最佳的一种状态。

有一个叫冯唐的作家，看他的经历，你会发现，他是协和医学院的高材生，后来还在几家知名公司任高管，但是他总宣称自己是个诗人。也许，对于他来说，做医生并不是自己的兴趣所在，当个作家感觉才更得心应手，但是，不能否认，医学对于他在写作方面的提升，是提供了很多帮助的。不是一定要厚此薄彼，而是相辅相成。兴趣与职业，有时候界限是分明的，但有时候界限是模糊的，谁能搞得那么泾渭分明呢？不论做什么，喜欢什么，如果这一切能够殊途同归最好。

三、如何把兴趣发展成职业

（1）找到自己真正喜欢的事情。把兴趣发展成职业，首先要做的当然是找到自己真正喜欢的事情。而真正喜欢的事应该是那种你忍不住想做，为它花时间、花精力、花钱、花心思也乐在其中的事。

《灌篮高手》里有句话："打篮球很快乐，但是胜利可以增加一百倍的快乐。"在关注后一句"胜利增加快乐"的时候，别忘了看前一句——回到最初，不管有没有胜利，打篮球本身就能让你快乐。当你找到自己的兴趣点，就可以朝着这个方向不断努力，由此培养出能够支撑自己生存下去的一技之长。

（2）自己的兴趣给别人提供价值。要把兴趣变成工作，就不能只是消费，你要创造、要分享、要传播，要把你在兴趣上投入时间、精力、金钱获得的心得和技能分享给你的同好，给他们提供价值。自媒体人雅君说过一句话：把兴趣变成工作的一大关键，就是你得不害怕让别人知道你是谁，真实的你喜欢什么。当然，发现真实的自己之后，还能给他人提供价值，就离成功又近了一步。

（3）抓住机遇。在这个时代，想要做成任何一件事，似乎都需要一点点机遇，把兴趣发展成职业更是如此。

王安石说过："世之奇伟、瑰怪、非常之观，常在于险远，而人之所罕至焉，故非有志者不能至也。"没有抱着坚定的决心，是看不到想见的风景的。诚然，机会确实很重要，所谓"谋事在人，成事在天"。但机会往往是偶然的，不可掌控。要想抓住机会，我们需要做好充分的准备，比如打好坚实的功底、做好知识储备等，而这些恰恰是我们可以掌控的。

四、写在最后

兴趣和职业并行不悖，甚至相互促进，如果你的兴趣与职业隔离得太远，就需要找到一个内在的"关联点"，否则就是"浪费资源"。就像医生和作家，看似很远，于冯唐却有千丝万缕的联系。

有的人把感兴趣的事情作为唯一的职业，发现路越走越窄，最后感到厌倦，很大一部分原因就是视野过于狭小。

无论做什么都需要开阔视野，这样路才能越走越宽。比如做人事工作，不仅仅要从专业知识的角度来看待，从财务的角度、从市场的角度、从营销的角度、从心理的角度、从经营的角度去研究一定会有更多发现。

所有的经历都将成为你的资源，关键是要利用好。利用好了，它能够成为财富，利用不好，就会是一堆废柴。

（资料来源：微信公众号"职业规划"）

第三节　职业生涯规划概述

◎职业生涯规划的概念

职业生涯规划（career planning），是指个人发展与组织发展相结合，对决定一个人职业生涯的主客观因素进行测定、分析和总结后，结合个人的兴趣爱好、能力、性格等，确定个人职业生涯奋斗目标，并选择实现职业奋斗目标的路径，包括编制相应的工作、培训、教育计划等，对职业发展阶段的方向和顺序做出合理安排。

职业生涯规划最早起源于美国。20世纪初，美国出现了大量年轻人失业的情况，因此"职业指导之父"帕森斯成立了波士顿职业局，首次提出了职业指导的概念。此后，职业指导开始蓬勃发展起来，关于职业生涯规划的理论也逐渐开始建立、丰富和完善。

◎职业生涯规划的特点[4]

（1）可行性：规划要有事实依据，并非是美好幻想或不着边的梦想，职业生涯规划首先要立足于自身条件，并且有努力可实现的事实依据，否则将会延误生涯发展机遇。

（2）适时性："预则立，不预则废。"职业生涯规划是预测未来的行动，是将来努力奋斗的目标，也是对将来职业发展的一种确定。因此各项主要活动，何时实施、何时完成，都应有时间和时序上的详细安排，以作为自我行动、检查、反省和调整、修订规划的依据。

（3）适应性：毕竟职业生涯规划是一个将来的行动计划，规划未来的职业生涯目标，涉及多种可变因素，因此规划应该有一定的弹性和可变性，以此来保证它的有效进行，增加其对于环境的适应性。

（4）持续性：人生的每个发展阶段应能持续连贯衔接。职业生涯是未来发展的理想蓝本，所以要确定职业生涯可以继续下去，才能将规划补充完整，确保每个职业阶段是持续连贯的。

◎职业生涯规划的相关理论

1. 职业锚理论

职业锚（career anchor）的概念是由美国埃德加·施恩教授在1978年提出的。职业锚是指当一个人做出职业选择时，他无论如何都不会放弃的选择因素，也就是一个人选择和发展一生的职业时所围绕的中心。经过长期研究和发展，目前将职业锚确定为技术/职能型、管理型、自主/独立型、安全/稳定型、创业型、服务型、挑战型、生活型等八种类型。

职业锚实际上是内心中个人能力、动机、需要、价值观和态度等相互作用和逐步整合的结果。在实际工作中，通过不断审视自我，逐步明确个人的需要与价值观，明确自己擅长所在及今后发展的重点，最终在潜意识里找到自己长期稳定的职业定位，即职业锚。

对于有工作经验的人而言，明确自己的职业锚是职业选择的最佳参考。而对于没有工作经验的人而言，因为不了解各个职业的内涵，所以其职业锚还没有清晰形成。

2. 职业兴趣理论

曾获诺贝尔物理学奖的华人科学家丁肇中说过“兴趣比天才重要”。这句话是对职业兴趣理论的最好诠释。该理论由美国著名的职业指导专家霍兰德提出和发展，他认为一个人的兴趣会极大影响职业的适合度，当一个人从事的职业与兴趣相吻合时，就可能发挥最佳水平，易于做出成就；反之相反。霍兰德经过大量研究，把职业兴趣分为六种基本类型：社会型（S）、企业型（E）、传统型（C）、实干型（R）、研究型（I）和艺术型（A）。

兴趣与所从事职业相吻合是最理想的情况，一个人如果能根据自己的爱好去选择职业生涯，他的主动性将会得到充分发挥。因此，在选择长期、稳定的职业生涯时，不仅需要知道自己有能力从事什么样的工作，更重要的是需要知道自己对哪类工作感兴趣。只有将能力和兴趣结合起来考虑，才更有可能规划好职业生涯并取得职业生涯的成功。

3. MBTI（Myers-Briggs Type Indicator）人格理论

MBTI源自瑞士著名心理学家卡尔·荣格的心理类型理论，后经Katharine Cook Briggs与Isabel Briggs Myers的研究和发展并最终成形，现已广泛地应用于职业发展、职业咨询、团队建议、婚姻教育等方面，是目前国际上应用最广泛的职业规划和个性测评理论。美国每年有300万人以上参加基于MBTI的测评和培训，在世界500强企业中有80%以上的高层管理者、高级人事主管使用过这个工具，例如迪士尼、百事可乐、美国西南航空公司、通用电气、3M等。一个人的个性可以从四个角度进行分析，用字母代表如下：①能量获得途径：外向E—内向I；②注意力的指向：感觉S—直觉N；③决策判断方式：思考T—情感F；④采取行动方式：判断J—知觉P。

对于大学生而言，在进行职业生涯设计时，除了参考职业兴趣之外，最重要的就是了解自己的MBTI类型，它不仅可以提供适合的岗位、工作环境等方面的参考，还可以根据个人的情况提出系统的发展建议。

上述职业规划理论都是成熟的经典理论，但是随着社会文化的变迁，经济结构的演化，职业生涯理论也必须不断自我更新，才能适应外界环境的变化，满足组织和个人对于长期发展的期望。

◎职业生涯规划的意义

古语有云：凡事预则立，不预则废。职业生涯是一个发展的过程，占据了我们生命旅程中最黄金的时段，一个没有规划、听天由命的职业生涯会让自己走许多弯路，浪费很多时间，也是对自己最大的不负责任。一个国家需要做五年、十年规划，城市需要城市规划，一个成功的职业生涯规划会帮助我们实现自己的目标。因此，职业生涯规划对每个人都具有十分重要的意义。

（1）职业生涯规划有助于确立个人发展目标。职业生涯规划能够帮助我们分析、了解自身能力、才华和性格特点，找出自己的特长，对自己的价值进行定位，确立自己的职业发展目标并制定一系列行动计划，运用科学的方法，采取可行的步骤与措施，实现自己的职业目标与理想。

（2）职业生涯规划有助于把握关键机会，提升成功概率。良好的职业生涯规划能帮助我们更好地安排日常工作的优先级顺序，使我们能够把握关键机会，增强发展的目的性与计划性，提高成功的概率。

（3）职业生涯规划有助于挖掘个人潜力。职业生涯规划让我们确立了奋斗目标，在目标的引导下，我们会集中注意力，专注于自己有优势且能得到高回报的领域，有助于发挥更大的潜力，最终达成目标。

（4）职业生涯规划有助于提升应对竞争的能力。当今社会处在变革的时代，到处充满着激烈的竞争。物竞天择，适者生存，想在激烈的竞争中脱颖而出并保持立于不败之地，必须设计好自己的职业生涯规划。这样才能做到心中有数，不打无准备之仗。而不少应届毕业生没有充分认识到职业生涯规划的意义与重要性，进入职场前不是先想好自己的职业生涯规划，而是拿着简历漫无目的地碰运气，结果不仅浪费了大量的时间、精力，还事倍功半，失望而归。

其实不少单位更看好有头脑、有思路、规划清晰的求职者。职业生涯规划并非纸上谈兵，而是向招聘官或者单位领导传递着一种非常积极的信号，让他们认识到你的计划性和可靠性，这在职场竞争中非常重要，也是提升自我竞争力的一种有效方法。

阅读小贴士　【职业规划】跨越这五个坎，你不会永远比别人差

和生活一样，我们都有计划、有目的地去进行职业规划。职业规划是一件非同小可的事情。现在很多在校大学生在找工作之前都要给自己做个职业规划。

下面我们来看看职业生涯的几个坎。这些坎虽然不大，但有时会阻碍你的职业生

涯继续往好的方向发展。

第一坎："青黄不接"阶段

很多人在刚参加工作的时候很茫然，拿着文凭又没工作经验。工作的前两三年是职业生涯中最"青黄不接"的阶段：你既不像毕业生那么"单纯"，又不像有四五年资历的员工那样能"独当一面"。这个时候千万不要浮躁和盲从，要权衡利弊。不能贸然跳槽，但也要想想如何才能让自己变得更强。

第二坎："职业塑造"阶段

工作3年后，你已逐渐熟悉组织文化，了解组织内情，建立初步的人际关系网，经过一段时期后，你的"职业性格特点"就暴露出来了：哪些是你擅长的地方，而哪些又是你不足的地方。于是你开始进入"职业塑造"阶段，对职业方向进行合理调整和矫正。

第三坎："职业锁定"阶段

工作5年左右，你该学的已经学得差不多了，能力也足够了。关键是目标的选定，你以后最想做的事情是什么，可不可以做？这都是应该思考的。

第四坎："事业开拓"阶段

工作10年左右，你的"职业"将成为终身的"事业"，意味着你开始从前期"职业阶段"中的技能、经验及资金积累走向人生事业的开拓。

可能你在这个阶段仍然保持着原来的"职业"状态，仍然是每天在为"老板的事业"而奔波，但年龄和阅历已经将你推向了事业发展的起跑线。

第五坎："事业平稳"阶段

工作15年以后，你所需要知道的是如何使你的事业能够在平稳的过程中持续上升。这期间你还要不断地去观察市场、了解市场，不能有丝毫的松懈，所以你可能会感觉很累、很辛苦，不过你见得多了，承受压力的能力也增大了很多，于是你也就能游刃有余了。

我们的一生当中，参加工作的这五个坎是必须要经历的。规划好个人的职业生涯，明确职业目标，选择了这份工作就该认真地把它做好。

（资料来源：微信公众号"职业规划"）

练习题

这个练习是为那些还没有确定清晰职业目标的人设计的，主要涉及职业兴趣、成就、能力以及工作价值，在找工作时，第一步就是要知道你想要什么和你能做什么。

请根据自己的情况如实回答下列问题：

1. 我最强烈的兴趣是__________。（请写出4条）
2. 在过去的时间里，我成功地做到了5件事，它们是_________。
3. 我最强的或者最感兴趣的10项技能（并且能提供证明），它们是_________。
4. 10个我认为最重要的工作价值，它们是_________。
5. 我的第一职业目标是_________，在这一职业中的典型工作是_________。
6. 我的第二职业目标是_________，在这一职业中的典型工作是_________。
7. 我的第三职业目标是_________，在这一职业中的典型工作是_________。

☑ 章节回顾

本章介绍了职业、职业生涯以及职业生涯规划的一些基本概念，相应的分类、发展趋势、特点和相关理论。希望同学们通过本章的学习能够了解职业生涯基本的概念，并且树立起职业生涯规划的意识，为走向职场打下坚实基础。

☑ 参考文献

[1] 林枚，李隽，曹晓丽. 职业生涯开发与管理 [M]. 北京：清华大学出版社，2010.
[2] 汪莉. 职业生涯规划与管理 [M]. 北京：中国华侨出版社，2008.
[3] 陈敏. 大学生职业生涯发展与管理 [M]. 上海：复旦大学出版社，2008.
[4] 钟谷兰，杨开. 大学生职业生涯发展与规划 [M]. 上海：华东师范大学出版社，2008.

第二章　提前谋划，胸有成竹

☑ 本章导读

到了毕业找工作的时候，有的人迷茫犹豫，不知道自己到底要找什么样的工作，不知道哪个岗位适合自己，不知道想去哪个城市工作，他的就业经历充满了随意性，最后也是随意选了一家单位。有的人频遭冷遇，投递的简历都石沉大海，偶尔一两家公司通知面试，最后也是不了了之，他最终也没得到单位的青睐。有的人收获颇丰，获得很多公司的录用通知。在大学期间是否完成职业生涯规划设计是导致这些不同情况的根本原因。

什么是大学生的职业生涯规划设计？设计的步骤是什么样的？怎样的生涯规划设计是成功的？让我们走进本章，一起了解职业生涯规划，掌握大学生职业生涯规划设计的方法。

☑ 典型案例

案例1：小杨同学是工科的应届毕业生，家庭经济情况一般，但从小立志远大。四年的大学学习中，他勤奋刻苦，成绩优良，但只专心学习，不问世事。临近毕业，小杨在就业市场上频遭冷遇，想考研又感觉实力不足，其实他也有自己的苦衷：如果现在选择就业，于心不甘；如果现在只做考研的打算和准备，对未来又很迷茫。考研还是就业？艰难的抉择让他彻夜难眠。

案例2：小卢同学是语言类专业的应届毕业生。此前，学校语言类专业的毕业生大多到高校任教，或者从事语言培训等工作。而小卢在进校伊始就做了职业规划，希望进入IT类公司的研发岗位。大学学习过程中，小卢利用学校的学科背景补充与IT相关的知识、联系IT公司实习，承担研发小组的翻译和协调等工作。最终在毕业之时凭借实践经历和流利的口语，顺利和上海一家知名IT企业签约。

第一节　大学生职业生涯规划设计的内容

◎认识大学生职业生涯规划设计

1. 大学生职业生涯规划的内涵

大学生职业生涯规划是指大学生在大学生活阶段，通过自我评估和对环境因素的分析，结合职业理想与职业生涯的预期，在学校相关部门和人员的帮助下，规划大学期间及今后职业生涯的学习、生活及工作，为自己确定的职业方向和目标，选择恰当的职业发展道路，确定教育和发展计划，为实现职业生涯目标而制定的计划安排和行动方案。

大学生职业生涯规划的实施主体是大学生本人，高校应当在大学生实施职业生涯规划的过程中给予相应的职业辅导与条件保障。

2. 大学生职业生涯规划的特点

大学生正处于职业的学习和准备阶段，他们的职业生涯规划有其自身的特点，具体表现在以下四个方面。

（1）前瞻性。大学生即将面对的职业世界是非常广阔的，高校作为培养单位，应着眼于大学生的未来发展。因此，大学生制定职业生涯规划时应具有前瞻的眼光和敏锐的洞察力，必须知道摆在我们面前的职业生涯道路的各种可能性，了解未来职业的发展趋势，尽早明确职业方向，制定择业的行动策略。只有这样，大学生才能在自我认识的基础上，做好科学的自我定位及客观分析，并选择好一条适合自身特点的职业生涯发展道路。

（2）可行性。大学生制定的职业生涯规划要切实可行，具有现实性、可能性和可操作性。大学生要加强对自我的认知，充分考虑到自身的条件和外在环境的约束，选择适合自己并且能够实现的职业目标，制定切合实际的职业发展计划。高校可以通过开展形式多样的活动加以启发和引导，采用演讲比赛、主题班会、辩论赛等行之有效的方式，发动和组织大学生探讨如何确立大学目标，引导大学生通过对自我的认真剖析，为职业生涯规划做好相应的准备。

（3）适时性。大学生要根据大学各学年、各学期的实际情况，科学合理地做好职业生涯规划安排与实施。规划预测未来的行动，确定将来的目标，因此各项主要活动何时实施、何时完成，都必须有时间和时序上的妥善安排，并以此作为检查行动的依据。指导老师必须依据学生不同的学习阶段进行相对应的职业生涯规划指导。高校心理咨询部门要对学生进行职业心理咨询，让学生了解自身的特点，扬长避短，找到适合自己的工作岗位。

（4）针对性。大学生职业生涯规划必须由大学生自己来主导。大学生人生发展的动力源泉来自个人自身，而且每个学生的成长环境、个性类型、价值观以及能力、爱好都不尽相同。大学生在为自己设定职业目标、制定职业生涯规划时应客观分析外界环境和自身条件，制定有针对性的个人实施计划。随着当今社会经济持续高速发展，新的职业类型、职业岗位层出不穷，既给大学生在职业发展方向上开辟了道路，也有利于大学生结合自身特点，有针对性地尽早开展自己的职业生涯规划。

☑ 案例分析

案例：毕业生小吴毕业后成功签约，他就职的公司只招聘优秀应届生，而且数量十分有限，小吴能够被该公司顺利录用，跟他在研究生三年中对职业的超强规划，稳扎稳打地实现目标是分不开的。

小吴不仅团队意识强，善于沟通和协作，还是一个很善于规划的人，刚刚考上研究生，他就对自己的研究生生活做了系统的规划。小吴首先以优异的成绩完成了理论课的学习，并获得研究生一等奖学金，同时在核心期刊上发表了3篇高水平文章。然后他利用暑假进行实习，在校三年期间，他分别进入四个单位感受了四个不同性质的岗位所带给自己的乐趣，不仅更早地比其他同学积累了社会经验，更通过权衡比对，最终确定了自己的职业目标。在毕业找工作的时候，小吴做足准备，一方面深入研究面试和笔试技巧，另一方面全面掌握各招聘单位的相关信息，将简历投向与自己就业目标一致的企业，这些都使他迅速获得优秀外企的青睐。

案例点评：小吴是一个规划意识很强的人，他所走的每一步都是为就业做准备，他的规划里面充分把握了前瞻性、可行性、适时性、针对性，他清楚自己需要什么，欠缺什么，什么阶段要达到什么目标。丰富的学习锻炼经历使他进一步明白了自己职业发展的优势所在，进而确定了今后的发展方向。可以看出，小吴的求职经历里并没有大多数人的盲目和被动，与其说是该公司选择了小吴，不如说是小吴选择了该公司。因此，早一步对职业进行规划显得非常重要。

3. 大学生职业生涯规划的原则

作为大学阶段这个特殊时期的大学生职业生涯规划，除了要符合职业生涯规划的基本原则以外，还要遵循以下四个特殊的原则[1]。

（1）与社会需求相结合的原则。职业选择作为一种社会活动，必定受到一定的社会制约，任何人进行职业选择的自由都是相对和有条件的，如果职业选择脱离了社会的需要，将很难被社会所接纳。大学生在规划自己的职业生涯时，应把社会需要作为出发点和归宿，以社会对个人的要求为准绳，将个人愿望与社会需要有机结合起来。既要看到眼前的利益，又要考虑长远的发展，既要考虑个人的因素，也要服从社会的需要。只有把个人志向与国家利益、社会需求结合起来，统筹考虑，才能真正实现自己的职业理想，规划才具有现实可行性。

（2）与所学专业相结合的原则。大学生都有自己的专业，每个专业都有其特定的培养目标和就业方向，这就是大学生职业生涯规划的基本依据。用人单位对毕业生的需求，往往首先是大学生某专业方面的特长。大学生迈入社会后的贡献，主要靠运用所学的专业知识来实现。如果大学生职业生涯规划离开了所学的专业，无形当中就增加了许多补课的负担，实现个人价值就有困难。因此，大学生不仅要拓宽专业知识面，对专业知识和技术的掌握有一定的深度和广度，还要通晓和熟悉相关的基础知识。要在教师的指导下，广泛涉猎与本专业相关、相近的若干专业知识和技术，把自己培养成为复合型人才。

（3）与个人特征相结合的原则。大学生在进行职业生涯规划时要考虑自己的兴趣与爱好。如果一个人对某种工作产生兴趣，在工作中就会具有高度的自觉性和积极性，做出更大的成绩。有的大学生兴趣面太窄，不能形成自己的优势；有的大学生兴趣太广泛，没有形成自己的特色，这些都会给他们带来困惑。这就要求大学生在进行职业生涯规划时，对自己的兴趣爱好有一个客观的分析，并适当进行培养和调整。人的能力、特长对职业选择起着筛选的作用，是择业成功的重要保证。大学生应在对自己的能力、特长有一个正确的自我认知和评价的基础上，充分发挥自己的优势，扬长避短，择己所长，体现人尽其才，才尽其用，科学地进行职业生涯规划。

（4）与身心健康相结合的原则。心理健康在大学生今后的职业生涯中作用重大，它能帮助大学毕业生在适应职业市场环境时保持一种良好的心理状态，充分开发其潜能，成为大学生成才与成功的必备条件。大学生要实现成功的理想，个人的智商、情商、逆商都非常重要，其中智商是个人成功的基础，情商是个人成功最重要的指标，逆商决定个人能否将危机转化为机遇。大学生在职业选择与实践的过程中，要正视生命中存在的困难与挫折，培养和锻炼自己对挫折的承受能力和情绪调控能力，提高自己的心理素质，在今后的职业生涯中始终保持积极乐观的健康心理和态度。

☑ 案例分析

案例： 毕业生小任一直觉得自己的专业没有很好的就业出路，自己对于就业的去向不明确，不知道该随大流从事IT行业，还是另谋出路（如考公务员、去银行工作等）。在研究生期间，就业去向问题一直是他最纠结的问题。通过反复比较，权衡利害关系，他觉得自己应该很好地利用学校在IT行业的好口碑，多在软件编程方面下功夫，从事软件开发的工作。他重新拾起课本，加强编程方面的能力训练，最终找到了满意的工作。

案例点评：小任的职业规划能把握与所学专业相结合的原则，在学习期间结合自身的特点和学科、学校的特点进行规划或计划，有的放矢，这样才能大大提高就业的效率和质量。职业规划还要注意与身心健康相结合的原则，所学专业就业前景不理想的同学，在求职过程中会更迷茫，也往往承受着更大的压力，需要他们及时调整心态，乐观对待。

◎职业生涯规划设计对大学生的影响

实践证明，一份有效的职业生涯规划，可以引导就业主体了解自身的个性特质与已经具备的和潜在的资源优势，帮助其认识自身的价值并使之持续增值，同时指导他对自己的优势与劣势进行综合分析比较，使其树立明确的职业发展目标与职业理想，选择恰当的生涯路线，以获得职业成功。大学生首先要认识到生涯规划的重要意义，职业生涯活动将伴随我们的大半生，拥有成功的职业生涯才能实现完美人生。职业生涯规划对大学生的影响体现在以下几个方面。

1. 引导大学生人生成功

“凡事预则立，不预则废。”职业生涯规划就是确立人生目标和追求，科学安排未来。从本质上说，职业生涯规划是个人的职业战略规划，既是解决“我将来干什么”的问题，又是解决“我将来怎么干”以及“实现什么志向”的问题。它使每一个大学生一踏进校门就能在学校的组织和指导下不断认识、发展、完善自我，进行合理职业定位，建理想、立目标、定措施，进而引导他们一步步实现人生成功。

2. 指导大学生人生发展

按照生涯发展理论，职业生涯规划也就是人生规划，贯穿于人生发展的始终。正处于探索阶段的大学生开展职业生涯规划，一可以通过自我测评真实地认识自己，进行合理职业定位；二可以明确各个阶段的任务，尤其是明确大学阶段的主要任务，全面培养素质与技能；三可以形成职业生涯认知，形成积极的职业生涯意识，建立正确的职业生涯价值取向，树立正确的择业观；四可以建立科学的职业理想和正确的人生态度，以及科学地设立目标指导，激励自身，不懈努力，朝着既定方向发展人生。

3. 培养大学生人生资源驾驭力

资源是人生成功的基础。大学生开展职业生涯规划就是积累人生必备资源的过程，及进行资源整合与规划的过程。在上述过程中，大学生必然会得到人生资源驾驭能力的培养与提高，使其在今后的人生道路上，更善于挖掘、积累、整合资源以及科学地、最大限度地发挥资源作用，促进人生成功。

4. 促进大学生实现人生价值

当今大学生，都很崇尚自我人生价值的实现。大学生通过开展职业规划，建立起科学的职业理想，确立合理的职业目标，选择恰当的路线和策略。这将有效地激励他们去努力奋斗，实现生涯发展目标。而生涯发展目标必定体现其人生价值，可以说，规划的制定，能促进大学生人生价值的实现。与此同时，有了生涯规划，也有利于将来工作组织对其人生目标、需求等方面的了解，以提供必要的条件，进而促进他们实现人生价值。

☑ 案例分析

案例：毕业生小蔡，在教研室里的学习和科研能力都很强，从大四起就在教研室里学习、工作，是教研室老师的得力助手，也是同学们公认的科研能手。研三上学期开始进入招聘阶段后，他也参加了一些校园招聘会和专场招聘会，最终被某著名单位录用。但是在签约半年后，他对自己的职业生涯进行规划和总结，最终发现自己更喜欢也更适合留校从事科研教学的工作，于是决定留校读博。但是此时他已经错过了硕士研究生三年级第二学期的博士研究生入学考试。在这种情况下，他只得在教研室待业半年，然后参加第二年的博士研究生入学考试。

毕业生小明，由于研究生专业方向和本科方向不一致，学科基础相对薄弱，科研能力不是最突出的。但是他目标坚定，要进入行业顶尖企业工作。为了弥补这一弱项，他进校之后就刻苦学习，并且从老师、学长处了解到，公司挑人更喜欢有项目经验和实习经历的同学，尤其是有创造力的同学。于是他加入科协，在项目中注重学习项目方案设计，尝试提出独到、有新意的方案，科研能力与日俱增，最后导师也让他独立担当项目主研。小明长期的积累在求职过程中打动了公司，最终被顺利录用。

案例点评：从入学基础来看，小蔡明显要优于小明，但是基础好的小蔡面临待业，而基础相对较弱的小明找到心仪的顶尖企业，这其中最根本的原因就是有无职业生涯规划。当然不能狭隘地认为做职业生涯规划的作用就是找到理想的工作。大学生做职业生涯规划更重要的是要让自己学会思考，确定目标，挖掘、积累、整合资源，助力成功。职业生涯规划带来的积极主动的状态，是今后实现自我价值的重要驱动力。

☑ 阅读小贴士　比尔·拉福的成功之路

比尔·拉福在中学毕业之际就立志要做一名优秀的商人。他中学毕业后考入麻省理工学院，没有去读贸易专业，而是选择了工科中最普通最基础的专业——机械专业。大学毕业后，这位有志之士并没有马上投入商海，而是考入芝加哥大学，攻读为期三年的经济学硕士学位。最出人意料的是，获得硕士学位后，他还是没有从事商业活动，而是考了公务员。在政府部门工作了五年之后，他辞职去了通用公司。又过了两年，他开办了自己的商贸公司。二十年后，他的公司资产由最初的20万美元发展到2亿美元。1994年10月，比尔·拉福率团来中国进行商业考察，在北京长城饭店接受《中国青年报》记者采访时，他谈到他的成功应该感激他的父亲的指导，他们共同制定了一个重要的生涯规划，最终这个生涯设计方案使他功成名就。

从比尔·拉福的成功经历可以看出，他很好地规划了他的职业生涯。简单地分析他的规划，可以具体分为五个阶段。第一阶段：工科学习；第二阶段：经济学学习；第三阶段：政府部门工作；第四阶段：通用公司锻炼；第五阶段：自己创业，大展拳脚。

第一阶段：经过父亲的谈话指导，比尔·拉福没有直接读贸易专业，而是先选择读机械专业。因为做商贸必须具备一定的专业知识。在商品贸易中，工业品占绝大多数，不了解产品的性能、生产制造情况，就很难保证在贸易中得到收益。工科学习不仅是知识技能的培养，而且能帮助建立一套严谨求实的思维体系。清晰的推理分析能力，脚踏实地的工作态度，正是经商所需要的。

第二阶段：大学毕业后，比尔·拉福没有立即进入商海，而是考入芝加哥大学学习三年的经济学硕士课程。由于在市场经济下，一切经济活动都通过商业活动来实现，不了解经济规律，不学习经济学知识，就很难在商场立足。比尔·拉福便掌握经济学的基本知识，搞清影响商业活动的众多因素，还认真学习了有关法律和微观经济活动的管理知识。几年下来，他对会计、财务管理也较为精通，在知识上已完全具备了经商的素质。

第三阶段：获得经济学硕士学位后，比尔·拉福考取公务员，在政府部门工作了五年。这是因为之前在进行职业生涯规划时，一位资深的商业活动家——他的父亲，告诉过他，经商必须有很强的人际交往能力，要想在商业上获得成功，必须深知处世规则，善于与人交往，建立诚信合作关系。这种开拓人际关系的能力只有在社会工作中才能得到提高。

第四阶段：五年的政府部门工作之后，完全具备了成功商人所需的各种素质的比尔·拉福便辞职去了通用公司。因为他知道通过各种学习获得的知识要通过实践的锻炼才能转化为技能。在通用公司进行锻炼，比尔·拉福不仅为实践所学的理论找到了一个强大的平台，而且学习到了丰富的管理经验，完善了原始的资本积累。这也是我们大学生在以后的创业中应该借鉴的地方。

第五阶段：两年后，已熟练掌握了商务技巧的比尔·拉福谢绝了通用公司的高薪挽留，开办自己的公司，开始梦寐以求的商人生涯，实现多年前的计划。

比尔·拉福的职业生涯设计脉络清晰，步骤合理，充分考虑了个人兴趣、个人素质，并且注重对自己职业技能的培养，在他锲而不舍的努力下，职业生涯设计终于变成了现实。从比尔·拉福的事迹中我们可以体会到职业生涯规划的意义。

（资料来源：http://wenku.baidu.com/view/3e767b6f561252d380eb6eao.html）

练习题

大学生职业生涯规划对你的成长和发展有什么重要意义？

☑ 章节回顾

本节从大学生职业生涯规划设计的内容出发，清晰地阐述了大学生职业生涯规划设计的内涵、特点和原则，及职业生涯规划设计对大学生的影响。希望同学们认识到大学生职业生涯规划的重要意义，了解和重视职业生涯规划设计，从而更好地实现人生价值。

第二节　大学生职业生涯规划设计的步骤

◎设定职业生涯目标

1. 设定职业生涯目标的方法

职业生涯目标的设定可以通过如下方法与环节完成。

（1）发现愿望。在自我分析的基础上，冷静思考一下，想象你这一生最想得到的东西是什么，这些东西是你最想得到的，而不是你感觉到的别人想让你得到的。

（2）坚定信念。必须绝对相信你有足够的能力达到目标。

（3）记录下来。把你的目标记录下来，不做记录的目标不是真正的目标，仅仅是愿望或者空想。

（4）明确利益。想象你的目标达成后为你带来的喜悦、成就、收获和满足，你的这些利益必须具有鼓舞性，必须能给予你足够的动力。

（5）找到着眼点。对自己认识得越清楚，你就越可以发现从什么地方入手去实现你的目标，去实现你的愿望。

（6）明确最后期限。明确目标达成的最后时间，一般而言，有切合实际的目标、详细的计划和不懈的坚持，80%的目标都会达成。

（7）扫除障碍。扫除实现目标的障碍，包括内部的、外部的、你本身的或者是环境造成的。

（8）附加信息。根据实现目标的需要，按优先次序区分所需的信息、技能、能力、经验，以决定怎么去达成。

（9）明确可以从哪里得到帮助。现代人的成功绝不是单打独斗的结果，都需要团队和别人的帮助，因此，想成功地完成某件事，需要很多人的帮助。

（10）做计划。要达成目标，必须根据时间和优先次序写下你的活动计划，这些计划可以是初步的、轮廓性的，不求计划是完美的。

（11）可预见性。当你每达成一个目标或阶段性目标时都要庆祝一下并留下一个清晰的记忆，反复回忆达成目标时的喜悦并对未来充满信心。

（12）坚持。切记在实现目标的过程中，千万不要放弃。记住：托马斯·爱迪生做了数千次实验才发明了第一个碳丝电灯，所以，成功的前提是要经得起失败的打击。

最后要记住，对于目标，要每天回忆，经常重写。经常重复你的目标。

☑ 案例分析

案例：毕业生小江最近陷入了迷茫，不知道是该就业还是读研。小江的家庭经济状况一般，当时报考这个学校就是看中毕业生就业待遇好。但是小江从小立志远大，在四年的学习阶段勤奋刻苦，成绩优良，他不满足于一般的公司和岗位，他有意向的岗位需要和研究生去竞争，存在巨大压力。而且他觉得进入公司之后，研究生的发展机会更多一些。如果现在参加工作，他感觉实现不了自己的人生价值，与当初自己的理想相差较远。

案例点评：小江的困扰是一个存在共性的问题，很多同学都经历过这个阶段。现在进入工作可提前获得三年的收入，但是以后对学历要求越来越高的时候，自己的发展就会受到限制；现在读研，按照目前研究生数量与日俱增的情况，三年后的自己是否有竞争力，而且比同期本科同学还少了三年工作经历。在确定目标的时候，一定要明确自己的愿望，要想象目标达成后给自己带来的收获和满足感，这样才能给你提供足够的动力。最终小江还是决定继续读研，学有所成是他的理想。一旦确定目标之后，要坚持目标并寻求帮助，比如说如果小江确定要读研，但是又因为家庭经济上有负担，那么可以通过贷款、勤工助学等方式来解决。

2. 职业生涯目标分解

在职业生涯总目标确定以后，如何将长远的总目标加以细化和落实，这就需要对目标进行分解。常用的目标分解方法为剥洋葱法[2]，如图2-1所示。目标的分解过程就像剥洋葱一样，将大目标分解成若干个小目标，再将每个小目标分解成若干个更小的目标，一直分解下去，直到知道现在该干什么。

分解原则如下：

（1）小目标是实现大目标的条件。

（2）大目标是小目标的结果，大目标是由小目标构成的。

（3）小目标的实现之和一定等于大目标的实现。

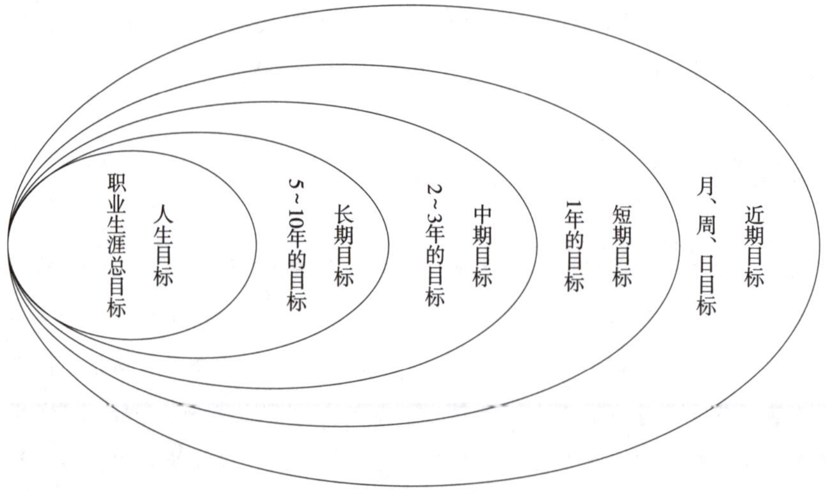

图2-1 职业生涯规划目标分解的剥洋葱图

3. 设定职业目标需要注意的问题

（1）要注意职业生涯发展环境的分析。

（2）要符合社会与组织的需要。

（3）要适合自身的特点并建立在自身的优势之上。

（4）要高远但绝不能好高骛远。

（5）目标幅度不宜过宽。

（6）要注意长期目标与短期目标间的结合。

（7）目标要明确、具体并可以量化，同一时期的目标不要太多。

（8）要注意职业目标与家庭目标以及个人生活与健康目标的协调与结合。

阅读小贴士　大学四年目标分解示例

（1）一年级目标：初步了解职业，提高人际沟通能力。主要内容有：①和师哥、师姐们进行交流，询问就业情况；②参加学校活动，提高交流技巧；③学习计算机知识，辅助自己的学习；④在网上学习更多的知识。

（2）二年级目标：提高基本素质。主要的内容有：①通过参加学生会或社团等组织，锻炼自己的各种能力，同时检验自己的知识技能；②主要尝试兼职、社会实践活动，并坚持；③提高自己的责任感、主动性和受挫能力；④增强英语口语能力，增强计算机应用能力。

（3）三年级目标：提高求职技能，搜集公司信息。主要的内容有：①撰写专业学术文章，提出自己的见解；②参加和专业有关的暑期工作，和同学交流求职的心得体会；③学习写简历、求职信；④了解搜集工作信息的渠道，并积极尝试。

（4）四年级目标：申请工作，成功就业。主要的内容有：①对前三年的准备做一个总结；②可以考虑更多的人生目标：考研？工作？③开始毕业后工作的申请，积极参加招聘活动，在实践中检验自己的积累和准备。预习或模拟面试，参加面试。积极利用学校提供的条件，了解就业指导中心提供的用人公司的资料信息、强化求职技巧、进行模拟面试等训练，尽可能地在做出较为充分的准备的情况下施展演练。

（资料来源：https://baike.so.com/doc/2323809-2457965.html）

练习题

请参考阅读小贴士，分解自己大学期间的职业目标。

◎选择生涯发展路线

选择职业生涯发展路线是职业生涯规划的关键环节。在职业（或目标职业）选定后，就面临着职业生涯路线选择的问题。例如，是走经营管理路线，还是走专业技术路线等。人的素质不同，发展路线也应不同。例如，有的人适合从事研究工作，有可能在某一专业领域获得新突破，从而成为一名专家学者，有的人则适合从事经营活动，能够在商海中建功立业，成为一名经营人才。如果一个不具有管理才能的人，却选择了行政管理路线，这个人就很难成就事业。由此可见，选择好职业生涯发展路线是职业生涯规划的关键步骤之一。

职业生涯路线分析过程如图2-2所示。

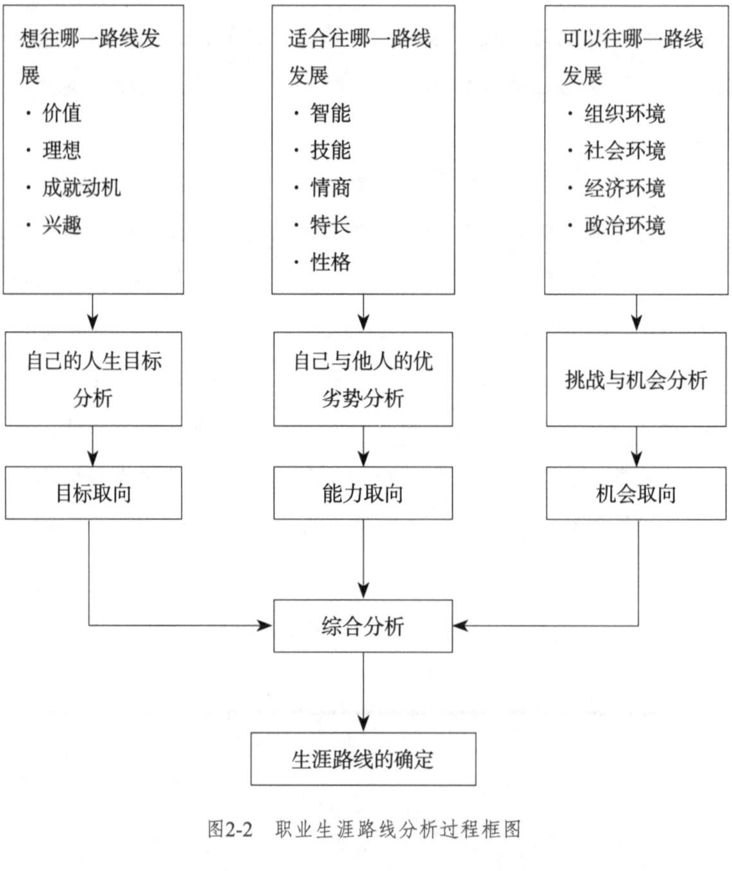

图2-2　职业生涯路线分析过程框图

典型的职业生涯路线如图2-3所示。

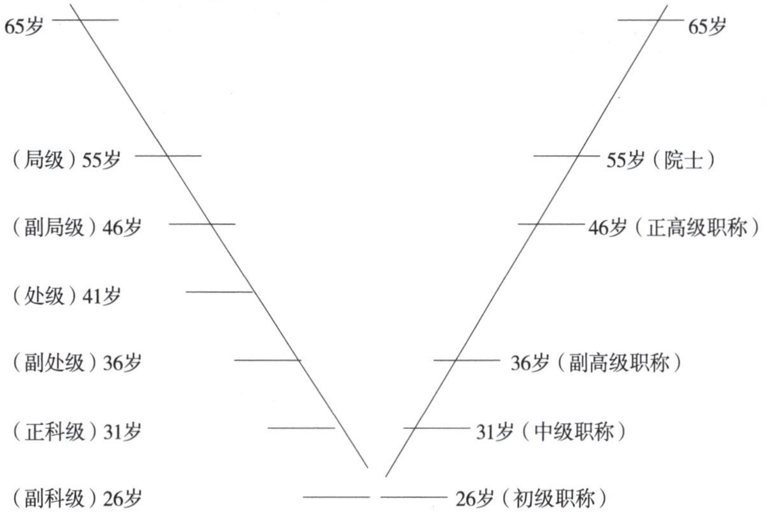

图2-3　职业生涯路线图

☑ 案例分析

案例：毕业生小高在校期间一直担任学生干部，社会实践经验较丰富、工作能力较强、喜欢与人沟通。结合自身的特长和兴趣，他发现自己并不适合做技术，而适合基于技术层面的管理或销售。此外，英语口语好是他的优势，因此在择业的时候小高选择了管理或者销售岗位。确定目标之后，小高利用自己是学生干部的优势，提前和企业联系，担任校园大使，最终获得企业的管培生岗位。

案例点评：目前大部分学生就业存在的最大的问题是对自己定位不准，缺乏职业规划，随波逐流，找到的工作与自己的兴趣爱好或专业不符合，到工作单位后，才发现找工作并不能真正实现自己的人生理想，甚至相差甚远。小高在职业生涯路线的选择过程中，充分考虑了自己的目标、自己的优劣势及岗位未来的挑战和机会，最终确定管理这条生涯路线。相信他一定能很快实现自我价值。

阅读小贴士　几种典型的职业生涯路线

一、技术型

典型特征：选择职业时，主要注意力集中于工作的实际技术或职能内容。即使提升，也不愿到全面管理位置，只愿在技术职能区提升。

成功标准：在本技术区达到最高管理位置，保持技术优势。

主要职业领域：工程技术、财务分析、营销、系统分析等。

典型职业通路：财务分析员→主管会计→财务部主任→公司财务副总裁。

二、管理型

典型特征：能在信息不全的情况下，分析并解决问题，善于影响、监督、率领、操纵、控制组织成员，能为感情危机所激励，善于使用权力。

成功标准：管理越来越多的下级，承担责任越大，独立性越大。

主要职业领域：政府机构、企业组织及其各部门的主要负责人。

典型职业通路：工人→生产组长→部门经理→总裁。

三、稳定型

典型特征：依赖组织，怕被解雇，倾向于按组织要求行事，高度的感情安全，没有太大抱负，考虑退休金。

成功标准：要求一种稳定、安全、良好的家庭、工作环境。

主要职业领域：教师、医生、幕僚、研究人员、勤杂人员。

典型职业通路：助教→讲师→副教授→教授。

四、创造型

典型特征：有自主权、管理才能，能施展自己的特殊才能，喜好冒险，力求新的东西，经常转换职业。

成功标准：建立或创造某种东西，它们是完全属于自己的杰作。

主要职业领域：发明家、风险性投资者、产品开发人员、企业家。

无典型职业通路，极易变换职业或干脆单干。

五、自主型

典型特征：随心所欲地制定自己的时间表、生活方式和习惯，组织生活是不自由的、侵犯个人隐私的。

成功标准：在工作中得到自由与欢娱。

主要职业领域：学者、职业研究人员、手工业者、工商个体户。

典型职业通路：在自己的领域中发展自己的事业。

（资料来源：http://wiki.mbalib.com/wiki/职业生涯路线）

练习题

请列出自己的目标取向、优劣势，确定自己更适合哪种职业生涯路线。

◎制定生涯发展策略

1. 内涵

职业生涯策略是指个人为争取职业生涯目标的实现，对自己的生涯活动进行安排与调控所采取的各种行动和个人资源配置措施。

2. 原则

（1）符合个人的职业价值观要求和职业规范的要求。如果做违背个人价值观的事情，会给自己带来痛苦，做违背职业规范和社会规范的事情，会受到组织与社会的制约，最终会影响个人的发展。

（2）充分发挥个人的优势，扬长避短。

（3）有前瞻性。要预测到未来社会、经济、政策、市场等诸多方面的重大变化的影响，考虑相应对策，从而使策略具有相当的适应性。

（4）生涯策略要具体明确，具有可操作性，这样才便于落实和定期检查落实的情况。

（5）有持久性、一贯性和严肃性。除非遇到不可抗力事件或受到未预料到的严重事件的影响，一般不要对发展策略进行频繁修改或调整。

3. 忠告

（1）对职业负责是职业生涯规划的基本保障，这一点切不可忘记。

（2）切记和谐、融洽的人际关系非常重要。实践证明，与同事间的人际关系融洽将使工作效率倍增。

（3）要优化你的交际才能。优良的交际才能可以助你职业生涯成功，最基本的要求是真诚。

（4）要善于发现变化并适应变化。不管周围环境或你的人生某一阶段出现什么变化，你都应该善于发现其中的各种机遇并抓住这些机遇。

（5）要灵活。未来时代的工作者们可能必须要经常转换职业角色，这就是说你要善于灵活地从一个角色迅速转换到另一个角色，方能适应时代环境的变化。

（6）要善于运用新技术，不断开发新技能。一个快速发展的社会将不仅需要专业化知识，同时还需要通用化及灵活性技能。

（7）花时间“充电”。学习已成为一份终生的工作，为了职业生涯，必须要学习。

（8）摒弃各种错误观念。当你考虑某新职业或新产业时，观念一定要更新，以防被错误思维误导。

☑ 案例分析

案例：小赵是从一所地方师范院校考入电子科技大学的研究生，小赵学习非常勤奋努力，在思想上也很有主见和想法。9月开始找工作的时候，小赵就清醒地分析了自己竞争的优势、劣势、机遇和威胁。优势：数学功底扎实；劣势：没有项目经验，不是计算机科班出身，本科院校一般；机遇：学校的学生在用人单位中口碑很好；威胁：因为金融危机，很多企业都放弃了招聘计划，供大于求，企业在求职者面前更加强势。分析后小赵发现自己在学数学的学生里面计算机水平还可以，和学计算机的学生比数学还不错，于是将求职目标定位在对数学要求较高的算法工程师，又根据硕士研究方向选择了相关度最高的数字图像处理和数字信号处理方向，精心打造了一份简历。在充分的准备下，小赵最终拿到了3份录用通知，她选择了心仪的公司，成功就业。

案例点评：小赵并没有傲人的第一学历背景，但小赵在读研期间勤奋好学，发表了一篇SCI检索的论文，反映出小赵具有一定程度的科学研究能力及外文文档的阅读、写作能力。小赵是一个非常有主见、有思想的人，能够认识到自身的优劣势，充分发挥个人的优势，扬长避短，就业定位相当准确。所以求职时不要好高骛远，不要只看到知名大公司，多关注一些行业内的中小企业，说不定还能与公司一同成长。这样也可以让自己的生涯策略更有操作性。

◎反馈修正生涯规划

1. 内涵

职业生涯的反馈与修正就是在生涯规划实施的过程中根据实际状况，通过职场信息反馈，持续调整、修正生涯目标，反省策略方案的可行度、契合度和成功概率，使之适应职场现状的要求，并为下一阶段生涯规划的实施提供参考与依据的过程。职业的重新选择、目标实现的时限调整、职业路线的设定以及目标本身的修正，都属于职业生涯的反馈与修正范畴。

2. 方法

在职业生涯规划实施的过程中，通过反馈与修正评判一个人的职业生涯规划是否有效，一般可以从两个方面入手：一是PDCA循环法[3]，二是目标管理法（MBO）。

（1）PDCA循环法。PDCA循环又叫戴明环，它最初是全面质量管理所遵循的科学程序，但目前已经被引入到许多管理活动领域。对职业生涯进行管理，同样应该遵循PDCA的循环体系，即整个过程可以分为计划（plan）、实施（do）、检查（check）与行动（act）四个步骤。四个步骤间紧密相连，形成封闭的循环链条。当一个PDCA循环完成时，下一个PDCA循环又会开始，从而为职业生涯管理提供一个长期的、持续的支持与反馈活动。

职业生涯规划的实施与评估离不开PDCA的循环。

计划，根据生涯目标的要求，制定科学的计划。一个人在开始一段新的职业生涯前，最重要的事情就是明白自己究竟想要什么，是有保障的生活、良好的学习机会、显赫的名声，还是新鲜的感觉，是长期经营一份事业还是积累财富准备日后创业等。当你明白自己真正的目标时，你就要为这个目标定下时间表，告诉自己一年之后应该做得怎样，两年以后做得怎样，并尽可能把目标进一步分解，把时间分得更精确，这样可以让你知道接下来该干什么。没有目标的人只能虚度时光，到头来一事无成。

为提高工作效率，对于某一项具体的工作任务也必须有明确的工作计划。如：工作需要做到什么程度，应尽可能用数字表示；工作所需的时间、资金、人员等，也就是成本，有哪些；工作期限，即工作何时开始，何时结束，各阶段要完成什么任务；所有参与此项工作的人有哪些，主要负责人是谁，参与者如何分工等。

实施，实施计划。这一步对于刚刚就业的社会新鲜人来说不是问题，但却是处于事业、职业徘徊期的人最难迈出的一步。很多人每天都会产生想要改变自己的生活状态的想法，羡慕别人的成功，又不停地对自己说，要是我在他那个位置上也会成功。需要指出的是，只有规划，没有行动是永远达不到彼岸的。不惧风险、排除风险、立即行动才能使你拥有理想中的工作和生活。

检查，检查计划实施的结果与目标是否一致。每个有志于掌握自己命运的人，在工作了一段时间过后，都应该反省一下自己今天所做到的离自己的理想还有多远。如果以其他人作参照的话，也可以了解一下自己的选择和努力是否让自己满意。俗话说，“不怕不识货，就怕货比货。”拿现在的自己和过去的自己、拿自己和别人、拿现状和理想做比较，虽然这好像在攀比，会有嫉妒、痛苦，也会有得意、自足，但这种“吾日三省吾身”的环节，通过不断“自检”及时发现问题、解决问题，是走向进步不可缺少的过程。

行动，即纠正错误，调整方向，在对以往行动的结果进行检验的基础上，对方案进行修正、完善后再执行。当反省之后，你会得出一些结论。结论可能让你满意，可能让你失望，但生活一直在继续，你不能总期望志得意满。不管怎样，机会仍然掌握在你自己的手中，你可以“百尺竿头，更进一步”，也可以“柳暗花明又一村”。总之，要把你获得的经验和教训，带到下一个PDCA循环中去。

（2）目标管理法（management by objective, MBO）。目标管理法是美国著名管理学大师彼得·德鲁克（Peter F.Drucker）于1954年提出的，从此成为美国和欧洲广为采用的管理方式。德鲁克认为：每一项工作都必须为达到一定的目标而展开，评价一个雇员或管理者是否称职，就要看其对目标的贡献或实现程度。在职业生涯管理中，同样需要采用目标管理法对人生目标与阶段性目标进行管理，以确保自己的行动朝着目标方向努力并实现目标。通过目标管理，可以最大限度地激发个人实现人生目标所必需的两项基本素质：第一，自我超越，即永远要有主动达成甚至超越目标的自我要求；第二，能够创造一个环境，促使自己和身边的人追求卓越并积极寻找解决问题的方法与途径。因此，生涯发展的目标管理能够启发自觉，激发个人的积极性，具有明显的激励作用。

“职业生涯发展目标管理”主要包括以下4个方面的内容。

①设定目标（set object），目标的内容要兼顾结果与过程。根据个人当前的岗位职责和人生整体目标，设定目标方案。根据组织结构和职责分工，明确目标责任者和协调关系，配置相应的资源，支持目标的实现。编织目标记录卡片，绘制出目标图。

②自己动手，制定工作计划（business plan），强调自主、自治和自觉。其中最重要的内容就是设计阶段性目标，提出达成阶段性目标的策略和方法。一个不能对终极目标进行阶段性分解、不能自己选择工作方法的人，是难以有所发展的。

③定期进行“进展总结（review progress）”。个人要定期对目标实施状况进行检查，分析现状与目标的差距，找到弥补差距、完成目标的具体措施。当出现意外、不可预测事件严重影响目标的实现时，也可以通过一定方式修改原定的目标方案。

④在目标任务终止期，进行总体性的生涯发展绩效评估（career performance evaluation），如果没有达成目标，要检讨原因；如果超出预期，或者达成了当初看上去难以完成的目标，则要分析成功的原因，并与别人分享经验。分享成功经验是激励自己和帮助他人的一种有效实践。并在此基础上讨论下一阶段目标，开始新循环。如果目标没有完成，就分析原因、总结教训，切忌指责别人和丧失信心。

3. 内容

在职业生涯实施过程中，反馈与修正是伴随其全过程的。反馈与修正的内容包括以下几个方面。

（1）自我条件重新剖析，即在实践的基础上，重新认识自己、分析自己，找到自己的优势与不足。

（2）生涯机会重新评估，即结合现实的组织环境和社会、经济环境，分析自己未来发展的空间及可能性。

（3）职业生涯目标修正，即根据实际情况，重新思考与确定自己的人生与职业发展目标，使其更加适合自己的情况，更加有利于自己的发展。

（4）调整生涯发展策略，即根据新的情况和目标，重新制定和调整生涯发展策略，强化自己的优势，弥补自己的不足。

（5）落实生涯规划修正，积极落实新的生涯规划方案，进入一个新的计划、实施、检查与行动期。

4. 注意问题

（1）信心百倍，抵制诱惑。

（2）培养应变能力和创新意识。

（3）提高身心健康水平，培养良好的职业品格。

（4）学会在顺境中发展和在逆境中奋起。

（5）选好“跳槽”时机，正确对待“跳槽”。

（6）正确选择岗位成才和自主创业。

☑ 案例分析

案例：小刘在本科毕业后工作了五年，经过艰苦的考研过程，终于重新回到了校园，攻读硕士学位，选择了时下热门的物流供应链方向，虽然和原来的本科专业不相关，不过她满怀憧憬，希望毕业后能够就职大型国有企业或知名外企，在薪酬、发展空间上较之前有较大提升。

然而由于她在入校的时候已成家，年龄超过30岁，不得不在研二阶段怀孕生子，影响了开题以及毕业论文撰写进度。导师对其学业表示担心。同时坐月子、带小孩使小刘错过了校园招聘的高峰期，并且刚生育的女性在形象气质上和工作时间要求上都有些局限性，所以小刘找工作屡屡受挫。学院尝试向多家企业推荐小刘，其中一家外企恰恰看中了她已成家并生子的稳定性，有强烈的录用意向，唯一的条件就是她必须马上到岗实习。但小刘却认为该外企提供的薪酬不太高，且和其硕士专业不太对口，而且自己实在没有办法、也没有精力兼顾论文、实习和家庭三方面，所以她在回答单位提出的问题时显得犹豫不决，最终错失良机。在毕业和找工作双重压力下，小刘情绪很不稳定，经常在受挫之后或别人的语气稍微重一点的时候哭泣。最后只得选择先保证顺利毕业，暂时不考虑求职。

案例点评：从小刘的经历可见，她缺乏对自己职业生涯规划的反馈和修正。小刘凭一腔热情选择了与本科专业不相关的热门专业，遇到了专业困难，而且没有充分利用研究生阶段参与导师的课题，弥补自身的专业缺陷。小刘对自己的未来有很好的规划，但是没有认识到自己的现实情况，给予自己合理定位，而随大流，一味追求高薪，最终错失良机。在职业生涯发展过程中，要随时根据新的情况调整生涯发展策略，强化优势，弥补不足，并制定新的生涯规划。

阅读小贴士　职业生涯规划书的基本内容

职业生涯规划书是对职业生涯规划的书面化呈现，不仅能呈现大学生的宏观职业生涯规划，还能对其具体的学习和工作起到指导及鞭策作用。大学生职业生涯规划书的基本内容主要有以下几点。

（1）扉页：包括题目、目录、姓名及基本情况介绍等。

（2）职业方向及总体目标。

（3）社会环境分析结果：包括对政治环境、经济环境、法律环境、职业环境的分析。

（4）组织分析结果：包括对行业、组织制度、组织文化、领导人、组织运行机制、发展领域等的分析。

（5）自我分析：对家庭因素、学校因素、自身条件及性格、潜力等的测评结果。

（6）角色及其建议：记录对自己职业生涯影响最大的一些人的建议。

（7）目标定位以及目标的分解和组合：发展策略、发展路径。

（8）成功的标准。

（9）差距：即自身现实状况与要实现的目标之间的差距。

（10）缩小差距的方法及实施计划和方案。

（11）评估调整预测：评估的内容、评估的时间、规划调整的原则。

练习题

请结合本节讲述的职业生涯设计步骤，完成你的职业生涯规划设计。

☑ 章节回顾

本节详细介绍了大学生职业生涯规划设计的步骤，包括设定目标，选择路线，制定策略并不断地反馈、修正。职业生涯规划设计是一个变化的过程，要充分认识自己，并不断根据环境进行修正，才能设计出最适合自己的职业生涯规划方案。

第三节 大学生职业生涯规划的评价体系

◎职业生涯成功的内涵

职业生涯成功是个人职业生涯追求目标的实现。职业生涯成功的含义因人而异，具有很强的相对性，对于同样的人，在不同的人生阶段也有着不同的含义，每个人都可以、也应该对自己的职业生涯成功进行明确界定，包括成功意味着什么，成功时发生的事和一定要拥有的东西、成功的时间、成功的范围、成功被承认的方式、想拥有的权势和社会地位等。对有些人来讲，成功可能是一个抽象的、不能量化的概念，例如，觉得愉快，在和谐的气氛中工作，有工作完成后的成就感和满足感。在职业生涯中，有的人追求职位晋升，有的人追求工作内容的丰富化。对于年轻员工来说，职业生涯的成功应是，在其工作上，建立满足感与成就感，而不是一味地追求快速晋升；在工作设计上，设法扩大其工作内容，使工作更具挑战性。

职业生涯成功能使人产生自我实现感，从而促进个人素质的提高和潜能的发挥。职业生涯成功与否，个人、家庭、企业、社会判定的标准都存在一定的差异。从现实来看，职业生涯成功的标准与方向具有明显的多样性。目前达成共识的有以下五种不同的职业生涯成功的方向。

进取型——使其达到集团和系统的最高地位。

安全型——追求认可、工作安全、尊敬和成为“圈内人”。

自由型——在工作过程中得到最大的控制而不是被控制。

攀登型——得到刺激、挑战、冒险和“擦边”的机会。

平衡型——在工作、家庭关系和自我发展之间取得有意义的平衡，以使工作不至于变得太耗精力或太乏味。

职业生涯成功的标准也具有多样性。国外一些学者在对多家公司的经理和人事专家进行调查后，根据他们的自我意识，系统地阐述了四种职业生涯成功的标准：一些人将成功定义为一种螺旋形的东西，不断上升和自我完善（攀登型）；一些踏实的人需要长期的稳定和相应不变的工作认可（安全型）；还有一些人视成功为经历的多样性（自由型）；也有一些人视成功为升入企业或职业较高阶层（进取型）。

学者们假设这些职业生涯观念来自个人的思维习惯、动机和决策类型，并成为指导人们长期职业生涯选择的根据。职业生涯成功与家庭生活之间也有着非常密切的关系，个人与家庭发展遵循着并行发展的逻辑关系，职业生涯的每个阶段都与家庭因素息息相关（或协调，或冲突）。职业生涯与家庭的责任之间的平衡，对于年轻雇员（特别是女性雇员）尤为重要。每个人在社会生命周期中都扮演着多种社会角色，但我们作为子女、父母的角色是不可逆的。我们能放弃一种职业，却不能放弃这些角色。相反，我们要设法扮演好这些角色。因此，家庭成员的意见对雇员的工作成效有重大影响。

◎职业生涯成功的评价体系

个人职业生涯成功有如下几种情况：①个人的价值取向、能力、特质与其所选择的职业适合，且在这一职业岗位上，工作得心应手；②个人有自我职业目标，无论是初就业便一直在某种职业岗位上，还是历经坎坷，发生数次职业流动或转移，最终其既定职业目标都得以实现，就是一种职业成功；③在所从事的职业工作岗位上，尽心尽力，尽职尽责，做出突出成绩，本人有一种自我满足感、成就感，或者得到组织、同事的认同，这也是一种职业的成功；④勇于创新，敢于“另辟蹊径”，“在没有路的地方去踏出一行新的脚印”。但凡这样的人，必是有所建树、有所成就者，所以这也是个人职业的成功。

从上述几种情况可以看到，要对职业生涯成功进行全面的评价，必须综合考虑个人、家庭、企业、社会等各方面的因素。职业生涯成功意味着个人才能的发挥以及为人类社会做出贡献。职业生涯成功评价体系如表2-1所示[4]。如果一个人能在如表2-1所示的四类体系中都得到肯定的评价，则其职业生涯必定成功。

表2-1　职业生涯成功评价体系

评价方式	评价者	评价内容	评价标准
自我评价	本人	1.自己的才能是否充分施展 2.对自己在企业发展、社会进步中所做的贡献是否满意 3.对自己在职称、职务、工资待遇等方面的变化是否满意 4.对自己职业生涯发展与其他人生活动的关系的结果是否满意	根据个人的价值观念及个人的知识、水平、能力

续表

评价方式	评价者	评价内容	评价标准
家庭评价	父母、配偶、子女等家庭成员	1.是否能够理解和肯定 2.是否能够给予支持和帮助	根据家庭文化
企业评价	上级、平级、下级	1.是否有下级、平级同事的赞赏 2.是否有上级的肯定和表扬 3.是否有职称、职务的晋升或相同职务责任、权力范围的扩大 4.是否有工资待遇的提高	根据企业文化及其总体经营结果
社会评价	社会舆论、社会组织	1.是否有社会舆论的支持和好评 2.是否得到社会组织的承认和奖励	根据社会文明程度、社会历史进程

☑ 案例分析

案例：小彩在读研期间学习刻苦，是成绩优异的女学生，她读研的目的就是想在大学做一名教师，在找工作的时候她放弃了一家待遇非常优厚的银行，到她心仪的一所学校去面试。由于该学校大部分教师都是女性，所以，这家学校更倾向于招收男性。

尽管面试失败了，但小彩并没有灰心，她坚信自己的努力一定可以使她得到这个职位。后来她争取到了一个校长办公室秘书的实习岗位。在这个岗位实习期间，她没有放弃自己做一名教师的心愿。她在业余时间旁听学校所开的课程，认真做笔记，用心写听课心得和对老师教案的点评。

在充分准备后，她找到机会向校长表明自己想当老师的心愿，校长看到小彩态度坚定，眼神诚恳，答应她如果做10份教学提纲且考查合格，就录用她为这所学校的任课老师。小彩平时积累的知识终于派上了用场，另外，由于小彩在读书期间做了一些业余的代课工作，积累了上课经验，所以在试讲时发挥良好。小彩通过平时的努力和积累，终于如愿以偿。

案例点评：对于小彩来说，成为一名高校教师是她最大的心愿。她始终为自己的理想而坚持，在坚持自己目标的同时不断地积累实现目标的知识和经验，最终，机会留给了有准备的她。获得教师的职位，小彩自己满意、校长对小彩评价很高，这都是职业生涯成功的标志。

☑ 案例分析

案例：毕业生小于和女朋友小杨同时到了毕业找工作的时候。一开始，考虑到小杨的家庭条件不是太好，两人商量后决定：小于签约海外销售岗位，先出国挣几年钱再回来；小杨则签约上海的一个研究所，有份稳定的工作。小于虽然内心向往稳定的工作，但他觉得这样出去奋斗几年回来也很好，可以解决两个人未来在一起的经济问题。但是后续告知双方家人后，遭到了小于家人的反对，小于家人希望他能有份离家近的稳定的工作，于是两人决定重新在成都找工作。此时已经是4月份了，重新找工作的过程的艰难程度可想而知，两人为了能都留在成都焦头烂额。最终小于还是找到了一份理想的工作，小杨则为了留在成都随便选择了一家不太满意的公司。

案例点评：小于和小杨的职业生涯规划能称之为成功吗？小于一开始为了解决两个人在一起的经济问题，忽略了自己本身的需要和家庭的需求，不得不重新找工作，而小杨最终并没有找到满意的工作。由此可见，职业生涯成功必须综合考虑个人、家庭、企业、社会等各方面的因素，进行全面的评价。

练习题

分析一下你属于哪一种职业生涯成功的方向。

☑ 章节回顾

本节介绍了大学生职业生涯规划设计的评价体系，通过一些案例加以说明。希望同学们通过对本章的学习，能够正确客观地评价自己的职业生涯规划，获得职业生涯的成功。

☑ 参考文献

[1] 李晓波，李洪波. 大学生职业生涯规划与发展 [M]. 北京：化学工业出版社，2010.
[2] 张再生. 职业生涯规划 [M]. 天津：天津大学出版社，2007.
[3] 孙玉贤. 大学生职业生涯发展规划 [M]. 兰州：甘肃人民出版社，2008.
[4] 王文芳. 大学生职业生涯规划研究 [M]. 西安：西北工业大学出版社，2008.

Part2

探索篇　勇敢迈出第一步

- ◆ 择己所长，释放潜能
- ◆ 择世所需，顺势而为

第三章　择己所长，释放潜能

☑ 本章导读

北极熊觅食的时候，从不浪费时间，因为它们知道自己的第一选择是海豹，第二选择才是鱼，而其他的选择，都不在它们的眼里。

——蔡志忠（台湾著名漫画家）

☑ 典型案例

案例1：毕业生李某，在同学和老师们眼中是全面发展、技术能力过硬、各方面条件相当优越的尖子生。在找工作的关键时期，他精心准备简历，把自己多年积累的成绩恨不得一条条、一项项都装入简历中，获得的奖励、证书也恨不得都附在简历后。新学期开始，他广泛关注校内外就业网站，马不停蹄地参加一场场校内外招聘会，对地域、行业、工作性质没太多要求的他，几乎见到一个公司就投一份简历。

事情本应按照他预想的情况发展，可一天天过去了，一周周过去了，转眼到了十月下旬，李某居然一次笔试、面试的机会都没有获得。眼看同教研室、同班的同学都早早签订了就业协议书，李某心中焦躁情绪慢慢滋生，自信心遭受严重打击，几乎到了崩溃的边缘。

案例2：小张在同学眼中是个“百事通”，他兴趣广泛，知识面也比较宽。但这种性格特征也造成小张没有十分突出的长项和明显的好恶，他觉得什么都可以做，并无明确的方向。于是本着“广泛撒网、重点捕捞”的想法，小张做了多手准备：银行、本专业和公务员。虽然他收到了银行的录用通知，但是由于跟科班出身的人相比没有优势，他的工作岗位远离“核心岗位”；对于本专业的对口单位，由于他没有全力准备，应聘情况不尽如人意；对于公务员考试，由于他阅历不足，面试折戟。

小张就这样忙碌了一个学期，但仍未签约满意的单位。看着周围大多数同学都签了单位，小张也逐渐失去了开始的从容和斗志。并且校园招聘的高峰期已经结束，小张就这样错失了许多业内的知名企业。最终，小张与一个很普通的公司签署了协议。

案例点评：如此优秀的李同学，这么积极地找工作，为什么会接连失败？很大程度上就是因为他没有对自我进行仔细的剖析、精细的定位，导致制作简历没有针对性，参加招聘会没有选择性，自己疲于奔命却没有收效。

对于张同学来说，兴趣广泛是个好事，但是兴趣不等于能力。“样样通，样样松”，在工作中是完全行不通的。小张没有把自己的时间和精力放在一个确定的方向和目标上，并着力提高这方面的能力，最终导致了自己“悲催”的找工作的结局。

世界上工作种类上千，职位更是数不胜数。如果我们直接投入职业世界，就会眼花缭乱、不知所措。所以我们需要先进行自我探索，了解清楚了自己之后，再来探索职业世界，才能得到更好的匹配和发展。

系统的职业规划，包含七个步骤：自我探索、探索工作世界、决策、求职行动、再评估、觉知与承诺。自我探索是职业规划的第一步。只有自我探索后，才有高效的、有的放矢的职业探索；只有结合职业探索，自我探索才能成为照进现实的理想。

自我探索包含四个维度：①价值观：价值观不是社会地位，而是意义的创造与表达；②性格：性格不是道德修养，而是基因与心智成长共同作用的产物；③兴趣：兴趣不是测验的分数，而是解决问题的意愿与动机；④能力：能力不是他人的评价，而是合适的人生发展平台[1]。

下面，就让我们走进自我探索的奇妙世界吧。

第一节　职业生涯探索——价值观

◎价值观的定义

价值观就是我们在生活和工作中所看重的原则、标准和品质。价值观指向我们内心最重要的东西，它是我们强大的内在驱动力，是引导行为的方向，是自我激励的机制。

职业价值观（vocational value）也叫工作价值观（work value），是价值观在所从事的职业上的体现，是人们对待职业的一种信念和态度，也是人们在职业生涯中表现出来的一种价值取向[1]。

职业价值观是你无论从事什么工作，都会努力在工作中追求的东西。从另一个角度来讲，职业价值观就是你最期待从工作中获得的东西。常见的职业价值观分类体系如表3-1所示。

表3-1　常见职业价值观分类体系

序号	分类	表现
1	利他主义	工作的目的和价值，在于直接为大众的幸福和利益尽一份力
2	美感	工作的目的和价值，在于能不能不断地追求美的东西，得到美感的享受
3	智力刺激	工作的目的和价值，在于不断进行智力操作，动脑筋，学习以及探索新事物，解决新问题
4	成就感	工作的目的和价值，在于不断取得成就，不断得到领导与同事的赞扬，或不断实现自己的目标
5	独立性	工作的目的和价值，在于充分地发挥自己的独立性和主动性，按自己的方式、步调或想法去做，不受他人干扰
6	社会地位	工作的目的和价值，在于所从事的工作在人们心目中有较高的社会地位，从而使自己得到他人的重视与尊敬
7	管理权	工作的目的和价值，在于获得对他人或事物的管理支配权，能指挥和调遣一定范围内的人或事物
8	经济报酬	工作的目的和价值，在于获得优厚的报酬，使自己有足够的财力去获得自己想要的东西，使生活过得较为富足
9	社会交际	工作的目的和价值，在于能和各种人交往，建立比较广泛的社会联系和关系，甚至能和知名人物结识
10	安全感	不管自己能力怎样，希望在工作中有一个安稳的局面，不会因为奖金、工资、调动工作或领导训斥等经常提心吊胆、心烦意乱
11	舒适	希望能将工作作为一种消遣、休息或享受的方式，追求比较舒适、轻松、自由、优越的工作条件和环境
12	人际关系	希望一起工作的大多数同事和领导人品较好，相处时感到愉快、自然，认为这就是很有价值的事，是一种极大的满足
13	变化性	希望工作的内容应该经常变换，使工作和生活显得丰富多彩，不单调，不枯燥

◎探索个人价值观

在喧嚣复杂的世界中，在如此多的价值观之中，如何才能倾听自己内心的声音，探索自己的价值观？

在工作中，重要的职业价值观主要包括：人际关系/归属感、团队合作，物质保障/高收入，稳定，安全，创造性，多样性和变化性、新鲜感，乐趣，自由独立（时间，工作任务），被认可，受尊重，能帮助他人，能发挥自己的才能，成就感，成功，名誉，地位，有学习/发展/成长的机会，权力（领导/影响他人），有益于社会，挑战性，冒险性，竞争，符合自己的道德观，工作环境、工作与生活平衡，家庭，朋友，亲密关系，健康，信仰等。

探索个人职业价值观的方法主要有价值观市场、价值观量表、人生拍卖、职业锚、价值决策平衡清单等。下面着重介绍价值观市场。

练习题：价值观市场

参照以上重要的职业价值观，选出对你来说最重要的5条价值观并分别写在5张小纸条上。

在小纸条反面对你挑选的重要的价值观进行描述，即要达到什么样的程度你才能满意。

现在，如果你不得不放弃其中的一条，你会放弃哪一条？将你准备放弃的这一条与其他人交换。

如果你不得不再次放弃剩下四条中的一条，你会放弃哪一条？请再次与其他人交换。（保留刚才别人给你的小纸条，放在一边。）

继续下去，直到剩下最后一条。这是否是你无论如何也不愿放弃的？

这留下来的最后一条，就是自己所最看重的价值观。

价值观的探索，不是一次简单的郊游，而是持续的修炼。需要在对自己和世界不断探知的过程中，持续地尝试，反复确认自己最想要的到底是什么。知道了个人价值观所在之后，就要公开自己的主张，勇敢地面对各种阻力，同时不断实践，才能建立起基于价值观的稳定的信念，让方向更加明确，驱动力更加强劲。

◎价值观与职业生涯

古人云：鱼，我所欲也；熊掌，亦我所欲也。人的欲望往往有多个，在不能同时兼得的情况下，就必须做出选择。同样，在职业选择与职业活动中，我们经常会面临各种选择。这时候，职业价值观就会指引我们选择出自己认为最重要的东西。

马斯洛需求层次理论（Maslow’s hierarchy of needs）提出，人有五个层次的需求：生理需求，安全需求，爱和归属感，尊重需求，以及自我实现需求。按马斯洛的理论，人类的需求是分层次的，由低到高，如图3-1所示。每一层次的需求与满足，将决定个体人格发展的境界或程度。

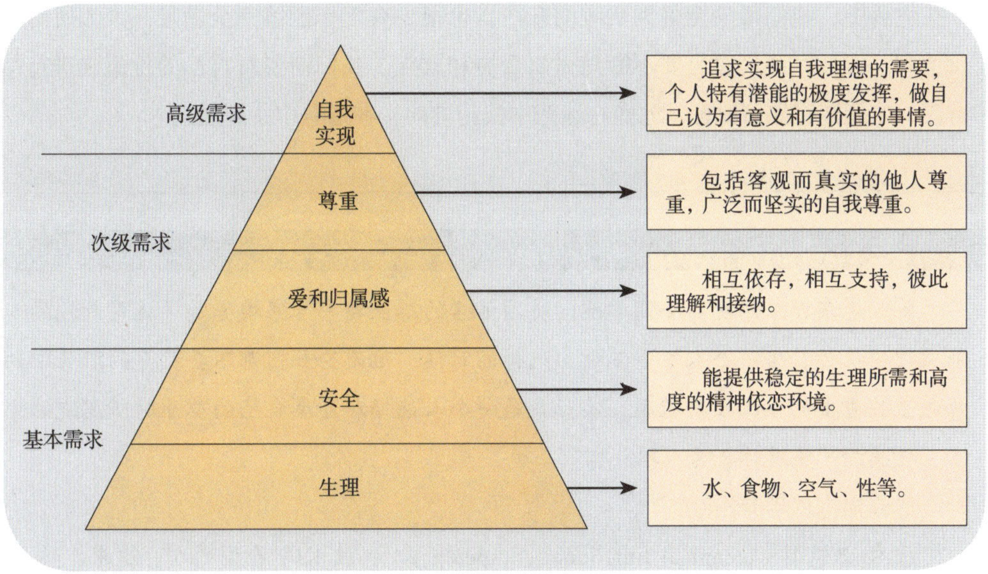

图3-1 马斯洛需求层次理论

马斯洛认为，只有当低层次的需求被满足以后，个人才能够更好地满足更高层次的需求。这些需求体现在我们的生活中，就成为我们的价值观，它们具有强大的驱动力。

赫兹伯格的激励理论（图3-2）认为，员工的工作满意度取决于内、外部激励因素之间的平衡。外部激励因素包括工作条件、工资待遇等；内部激励因素包括人际关系感受、支持、认可、成就感等。

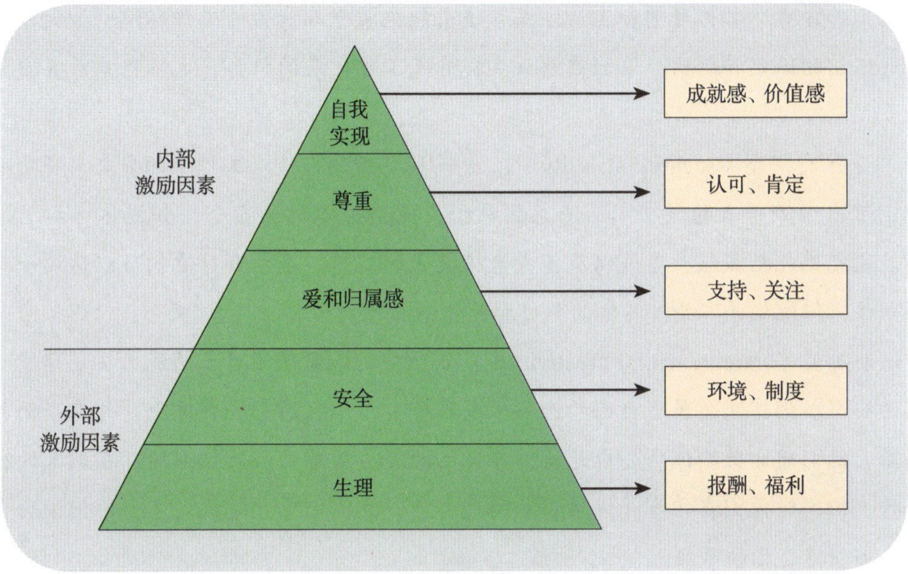

图3-2 赫兹伯格的激励理论

在生活中，我们很少能得到所有的东西，也很少有工作能够完全满足一个人所有的重要价值观。因此，我们总是要不断地做出妥协和放弃。我们需要对自己的价值观进行澄清和排序，才能知道如何取舍，才能在迷茫中找到方向，在倦怠中找到动力。

阅读小贴士 **职业锚**[2]

美国麻省理工学院斯隆商学院、美国著名的职业指导专家埃德加·施恩教授的职业锚理论认为，当一个人不得不做出选择的时候，他无论如何都不会放弃的职业中的那种至关重要的东西或价值观，实际就是一个人选择和发展自己的职业时所围绕的中心，埃德加·施恩称之为“职业锚”。

职业锚有以下8种类型。

技术/职能型（technical functional competence）：技术/职能型的人，追求在技术/职能领域的成长和技能的不断提高，以及应用这种技术/职能的机会。他们对自己的认可来自他们的专业水平，他们喜欢面对来自专业领域的挑战。他们一般不喜欢从事一般的管理工作，因为这意味着他们将放弃在技术/职能领域的成就。

管理型（general managerial competence）：管理型的人追求并致力于工作晋升，倾心于全面管理，独自负责一个部分，可以跨部门整合其他人的努力成果，他们想去承担整个部分的责任，并将公司的成功与否看成自己的工作。具体的技术/职能工作仅仅被他们看作是通向更高、更全面管理层的必经之路。

自主/独立型（autonomy independence）：自主/独立型的人希望随心所欲地安排自己的工作方式、工作习惯和生活方式，追求能施展个人能力的工作环境，最大限度地摆脱组织的限制和制约。他们愿意放弃提升或工作扩展的机会，也不愿意放弃自由与独立。

安全/稳定型（security stability）：安全/稳定型的人追求工作中的安全与稳定感。他们可以预测将来的成功，从而感到放松。他们关心财务安全，如退休金和退休计划。稳定感包括诚信、忠诚以及完成老板交代的工作。尽管有时他们可以达到一个高的职位，但他们并不关心具体的职位和具体的工作内容。

创业型（entrepreneurial creativity）：创业型的人希望用自己的能力去创建属于自己的公司或创建完全属于自己的产品（或服务），而且愿意去冒风险，并克服面临的困难。他们想向世界证明公司是他们靠自己的努力创建的。他们可能正在别人的公司工作，但同时他们在学习并评估将来的机会。一旦他们感觉时机到了，他们便会自己走出去创建自己的事业。

服务型（service dedication to a cause）：服务型的人指那些一直追求他们认可的核心价值（例如：帮助他人，改善人们的安全，通过新的产品消除疾病）的人。他们一直追寻这种机会，这意味着即使变换公司，他们也不会接受不允许他们实现这种价值的工作变换或工作提升。

挑战型（pure challenge）：挑战型的人喜欢解决看上去无法解决的问题，战胜强硬的对手，克服无法克服的困难、障碍等。对他们而言，参加工作的原因是工作允许他们去战胜各种不可能。新奇、变化和困难是他们的终极目标。如果事情非常容易，它马上变得非常令人厌烦。

生活型（lifestyle）：生活型的人喜欢允许他们平衡并结合个人的需要、家庭的需要和职业的需要的工作环境。他们希望将生活的各个主要方面整合为一个整体。正因为如此，他们需要一个能够提供足够的弹性让他们实现这一目标的职业环境，甚至可以牺牲他们职业的一些方面，如提升带来的职业转换。他们将成功定义得比职业成功更广泛。他们认为自己如何生活，在哪里居住，以及如何处理家庭事务，及在组织中的发展道路是与众不同的。

练习题

我希望工作__________。

请在一分钟的时间内，尽可能地写下你头脑中所联想到的任何短语。

☑ 章节回顾

价值观是我们对职业的基本信念和态度，是我们在任何工作中都会孜孜以求的核心内容。仔细剖析自己的职业价值观，然后去寻找与其相符合的工作，会让自己工作得更加得心应手、有成就感。

第二节　职业生涯探索——性格

◎性格的定义

“性格”源于希腊语，意为雕刻的痕迹或戳记的痕迹。性格是人对现实的稳定态度和习惯化行为方式的总和，表现为个体独特的心理特征，是一个人在生活中对他人、对事、对自己、对外在环境所表现出来的一致性因应方式。

◎探索个人性格

性格理论有很多种，下面着重介绍迈尔斯-布里格斯类型指标（MBTI）。MBTI是Katharine Cook Briggs和Isabel Briggs Myers在卡尔·荣格的心理类型理论的基础上，构建的性格理论的四维八极模型（图3-3）[3]。MBTI性格理论的四个维度如下：

（1）能量获得途径：外向（E），内向（I）。

（2）注意力的指向：感觉（S），直觉（N）。

（3）决策判断方式：思考（T），情感（F）。

（4）采取行动方式：判断（J），知觉（P）。

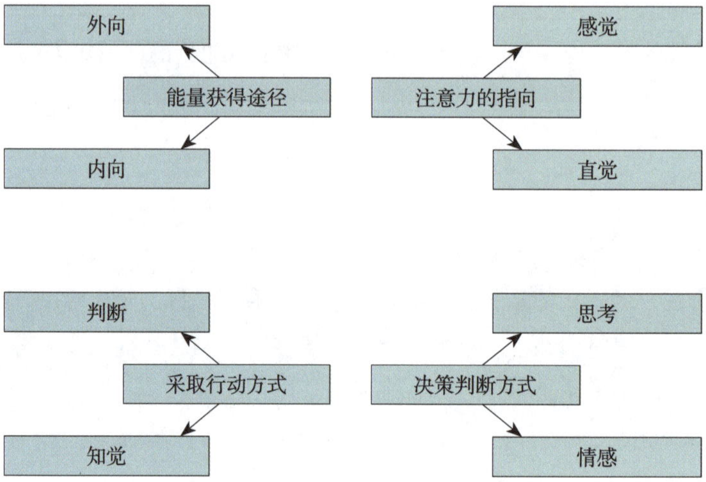

图3-3　四维八极模型

1. 能量获得途径E—I（外向—内向）

外向指的是人们觉察和判断的焦点多集中于外在世界或他人，较为关注周遭所发生的事件或人物；内向则是指人们的觉察和判断，均以其对自身内在世界的兴趣为基础，较为关注自身的想法和观点（图3-4）。

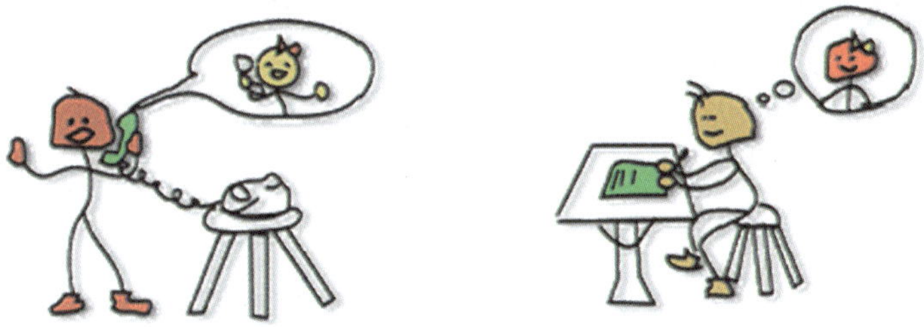

外向E	内向I
热情洋溢	冷静，谨慎
生机勃勃，善于表达	稳重，不愿意主动表达
听、说、想同时进行	先听，后想，再说
语速快、嗓门高	语速慢，语调平稳
注意力容易分散	注意力很集中
喜欢人多的场合	喜欢独自消磨时间
关注问题的广度	关注问题的深度
能量来自与外界的相互作用	能量来自内心的思考与推理

图3-4　外向与内向的比较

☑ 特征小测试

1. 哪一种方式能够让你感到自己充满活力？

A. 与其他人交往互动　　B. 一个人独处

2. 愿意将能量投向哪里？

A. 外部世界，与人交往，处理各种事物

B. 沉醉于内心世界，沉思默想或阅读

3. 更喜欢哪种消磨时间的方式？

A. 被众人环绕　　B. 独自一人消遣

4. 下面哪种方式让你感觉更舒服？

A. 先采取行动，再考虑遇到的情况

B. 在行动之前先对事物加以通盘考虑

5. 哪一种你更喜欢？

A. 成为一个公众人物　　B. 只想做自己

2. 注意力的指向S—N（感觉—直觉）

感觉是指应用视觉和听觉等感官历程，如嗅闻、品尝、碰触等来处理资料；直觉则是指运用潜意识层面来处理资料，较富有抽象的想象力与创造力（图3-5）。

关注事实存在	关注事物背后的意义
谈话目标清楚，方式直接	谈话目标宏观，方式复杂
思维连贯	思维跳跃
喜欢从事实际性的工作	喜欢从事创造性的工作
留心细节、现在	关注总体、未来
对身体敏感	精力集中于自己的思想
以客观现实为依据	习惯比喻、推理与暗示

图3-5　感觉与直觉的比较

3. 决策判断方式T—F（思考—情感）

思考是指能客观地分析所观察到的事件或想法；情感主要指主观的反应，通常与个人的价值观有关（图3-6）。

行为冷静，公事公办	行为温和，注重社交细节
关注事情的客观公平	关注个人感受与价值观
很少赞扬别人	习惯赞美别人
言语平实、生硬	言语友善、委婉
坚定、自信	犹豫、情绪化
遵照客观逻辑推理	倾向主观想法与道德评判
人际关系不敏感	尽量避免争论和矛盾

图3-6　思考与情感的比较

☑ 特征小测试

想象一下：你是一个篮球队的队长，你必须选择一名队员荣获“年度篮球先生”称号。下面有两个候选人：小张和小郭。那么你倾向于谁？

小张，很明显，他是一个明星队员。虽然他还是一个低年级学生，但是他为球队赢得了许多分数，并使得全队获得年度金奖。虽然说小张是天生的运动健将，但是他还是非常尽力地打好每场比赛。所以，公平起见，选择必须仅仅根据赛场表现来做出。否则，如果有偏袒，那么会开一个不好的先例。当然，相信所有的人都会毫无异议地同意小张获得这个荣誉。

小郭虽然不是最佳的球手，但是他付出了超出常人的努力去练球，总是拿出150%的努力打好每场比赛。每一场比赛他都热情高涨，并且很好地鼓动其他球友共同努力。而且小郭是高年级的，因为家境问题，高中毕业后他就得找份工作，不能进入大学学习。所以，这次可能是他唯一一次获得这种荣誉的机会。奖金还可能使他有机会继续读书。

4. 采取行动方式 J—P（判断—知觉）

判断是指人们根据觉察所得的信息来做出决定的方式；知觉是指人们用以收集周围世界中事件、人物或想法等信息的方法（图3-7）。

判断J		知觉P
正式，严肃	●	随意，自然
保守，谨慎	●	开放，灵活
习惯做决定，做决断	●	做事拖拉，不愿做决定
条理清楚，计划明确	●	缺乏条理，保持弹性
急于完成工作	●	喜欢开始一项工作
遵守制度、规则与组织	●	常常感觉到被束缚
喜欢确立目标，然后去努力实现	●	经常改变目标，偏好于新的体验
外表整洁，环境干净	●	着装以舒服为标准，不在意环境

图3-7 判断与知觉的比较

☑ 特征小测试

●你即将去自助旅行，在出发前，你会详细地研究要去的地方，制定规划日程，还是会先到目的地，随兴而行？

●你自己的工作是否有一份时间表？如果时间表排满了，又突然增加了一项新工作，你会不会焦虑？

根据以上的四个维度，加以排列组合，不难得到16种性格类型。每个人通过专门的问卷、测试，可以获得有关自身性格类型的信息，了解自身的性格特点，从而选择适合自己性格类型的职业。这就是MBTI性格理论的主要思想。

下面，就让我们简要浏览一下这16种性格类型的特点及其适合的职业，大致看看你属于哪一种类型，为你选择合适的职业做一下参考。

（1）内向感觉思考判断型。此类人严肃、沉静，可专注且透彻地学习。较为务实，注重秩序与组织，善于逻辑且合于现实的思考，负责任且信实可靠。一旦做出决定，就能专心致志地完成工作。较适合会计师、账务核查员、工程师、财务经理、警察、技师等。

（2）内向感觉情感判断型。此类人沉静、友善，有责任感与良心。致力于完成被规定或要求的工作，且尽忠职守、毫不懈怠。对处理细节相当具有耐心，忠诚，体谅他人，关心他人的感受。较适合健康工作者、图书馆员、服务性工作者、教师等。

（3）内向直觉情感判断型。此类人能不屈不挠，有原创力，渴望能做任何有需要的事。在工作上尽最大努力，尊重原则。很有可能获得别人的景仰，且说服别人谋取最佳的福利。较适合艺术工作者、神职人员、音乐家、心理医生、教师、作家等。

（4）内向直觉思考判断型。此类人具有原创力，有较大动力去实现自己的构想和目的。眼界宽阔，很快就能发现外在事件的意义。在有兴趣的领域，有很好的组织和实践能力。对事存疑，具批判性，独立，坚决，能有高水准的工作表现。较适合电脑分析师、工程师、法官、律师、工程人员、科学家等。

（5）内向感觉思考知觉型。此类人是冷眼旁观者，沉静、保守，以远远的好奇心来观察和分析生活，具有非预期的幽默感。关心事件的因果，应用逻辑原则来组织事实。擅长直切实际问题的核心，并找出解决的办法。较适合手工艺者、建筑工作者、机械工作者、统计人员等。

（6）内向感觉情感知觉型。此类人沉静、友善、敏感、善良、谦虚。即使有不同意见，也不会勉强他人接受其意见和价值观。不喜欢领导别人，而是忠实的跟随者。喜欢享受眼前的时刻，不急于完成事情。较适合文书工作者、建筑工作者、音乐家、户外工作者、油漆工作者等。

（7）内向直觉情感知觉型。此类人是沉静的观察者、理想主义者，忠实，重视外在生活与内在价值的一致性。充满好奇心，能很快看到事情的可能性，并将之作为实践其想法的催化剂。具有一定的弹性与包容性。希望了解人们，及实现人类潜能的方式。较少关注周围的现实。较适合艺术工作者、娱乐工作者、编辑、心理学家、社会工作者、作家等。

（8）内向直觉思考知觉型。此类人沉静且保守。特别喜欢理论和科学求知。喜欢运用逻辑分析并解决问题，对意念思考充满兴趣，但较不喜欢热闹的聚会和闲聊。常有清楚明确的兴趣，并将该强烈的兴趣应用于生涯中。较适合艺术工作者、电脑分析师、工程师、科学家、作家等。

（9）外向感觉思考知觉型。此类人擅长切中要害解决问题，喜欢和朋友一起行动或做机械性工作和运动。适应力强、容忍力佳，注重实用性。不喜欢长篇大论。最擅长处理可以掌握、参与或投入的真实事情。较适合账务核查员、工匠、行销人员、警察、销售人员、服务性工作者等。

（10）外向感觉情感知觉型。此类人喜欢交朋友、善于接纳、对人友善，让每一件有兴趣的事更为有趣，使别人感到快乐。喜欢行动。知道正在发生什么事并且热切地参与。记忆事实比精通理论容易，对需要常识判断且实务技能的情况可妥善处理。较适合儿童保育人员、采矿工程师、秘书、督导等。

（11）外向直觉情感知觉型。此类人温暖热情、精神高昂、聪明、富有形象力、几乎能做任何感兴趣的事。很快能想出难题的解决之道，帮助任何有困难的人。常依赖即兴创作的能力而非事前充分准备。总能找到让人信服的理由。较适合演员、神职人员、咨询师、记者、音乐家、公关人员等。

（12）外向直觉思考知觉型。此类人聪明、擅长许多事。警觉性高，口才好，可能因乐趣而和人争论不休，善于解决新的和具有挑战性的难题，但可能会忽略因循不变的工作。兴趣一直在转变，很难找到逻辑性的理由。较适合演员、记者、行销人员、摄影师、销售人员等。

（13）外向感觉思考判断型。此类人务实、实际，倾向商业或机械。对抽象理论不感兴趣，学习须有直接或立即性的应用目的，喜欢组织和操作活动。是很好的行政人员，很快就能做出决定，注意日常细节。较适合督导、行政人员、财务经理、经理、推销人员等。

（14）外向感觉情感判断型。此类人有温暖的心、善于谈话、受欢迎、有良心、能合作且主动参与团体。喜欢和谐，能创造和谐。总是对人很好。在鼓励和赞美下做最大的努力。主要的兴趣在于直接且显著地影响人们的生活。较适合美容师、健康工作者、办公室人员、秘书、教师等。

（15）外向直觉情感判断型。此类人负责任，真诚地关心其他人的想法和希望，依据他人的感觉来处理事情。能轻松地提出计划或者领导团体讨论。社会性强、受人欢迎、富有同情心。对他人的赞美和批评能及时做出反应。喜欢催化他人，协助他人发挥潜能。较适合演员、神职人员、咨询顾问、音乐家、教师等。

（16）外向直觉思考判断型。此类人坦白，是活动的领导者。善于建立并发展全面的方法体系，以解决组织的问题。擅长需推理和知识性的谈话，如公开演说，知识广博，而且喜爱任何能增长知识的活动。较适合行政人员、律师、经理、行销人员、工程人员等。

MBTI有大量的实证研究作为基础，科学性强。它使用非常广泛，全球每年有200万以上的人使用。除此之外，性格探索的方法还包括行为评定、访谈、测评问卷、投射分析等。

◎性格与职业生涯

性格类型与职业要求的匹配，可以使我们成为更有效的工作者[4]。调查发现，税务人员大都具有感觉倾向，律师50%以上是内向感觉思考判断型、外向感觉思考判断型、内向直觉思考判断型、外向直觉思考知觉型，程序员的感觉偏向多于直觉偏向，护理人员60%以上是外向直觉情感知觉型、外向感觉情感知觉型，飞行员88%以上是感觉思考判断型，教育实践者多感觉情感知觉型，高校研究人员多为直觉思考型。

但是，同一职业中，不同性格的人都可以找到自我发展的方式。同时，性格是可以发展的，工作需要和性格不适合是可以改善的，当然需要一个努力的过程。性格类型本身并没有好坏、优劣之分。重要的是知己知彼，扬长避短；理解完善，不要对抗和逃避，不要让性格类型成为自我成长的障碍。

练习题

用3个词来描绘自己的性格并分别写在3张小纸条上。

再写1个词于第4张小纸条上，这个词是自己不具备的性格特点。

把4个词混在一起，打乱顺序。

三人一组。猜猜彼此的词中哪一个是不符合的那一个。

从中你有什么感受和发现？

☑ 章节回顾

性格理论的四维八极模型，是我们认识性格的重要工具。每个人都有自己与众不同的性格特征，每种性格特征都有不同的合适的职业。我们需要认清自我的性格特征，然后了解职业所需要的特征，两者匹配，扬长避短。

第三节　职业生涯探索——兴趣

◎兴趣的定义

佛罗里达州立大学对学生调查发现，知道自己兴趣领域的学生找工作更有针对性，他们在相关领域中找工作，目标更明确，效率更高。兴趣是人认识某种事物或从事某种活动的心理倾向，它是以认识和探索外界事物的需要为基础的，是推动人认识事物、探索真理的重要动机，是我们内心动力和快乐的重要来源。

回想一下，什么时候，你感到最快乐？你可以专心致志地做的事情是？你曾经废寝忘食的时候是？兴趣是无论我们能力高低和外界评价如何，我们依然乐此不疲地做的事情。

◎探索个人兴趣

恭喜你！你获得了一次免费度假游的机会，有机会去如图3-8所示的六个岛屿中的一个。唯一的要求是你必须要在这个岛上呆满至少三个月的时间。请不要考虑其他因素，仅凭自己的兴趣挑出你最想前往的岛屿。

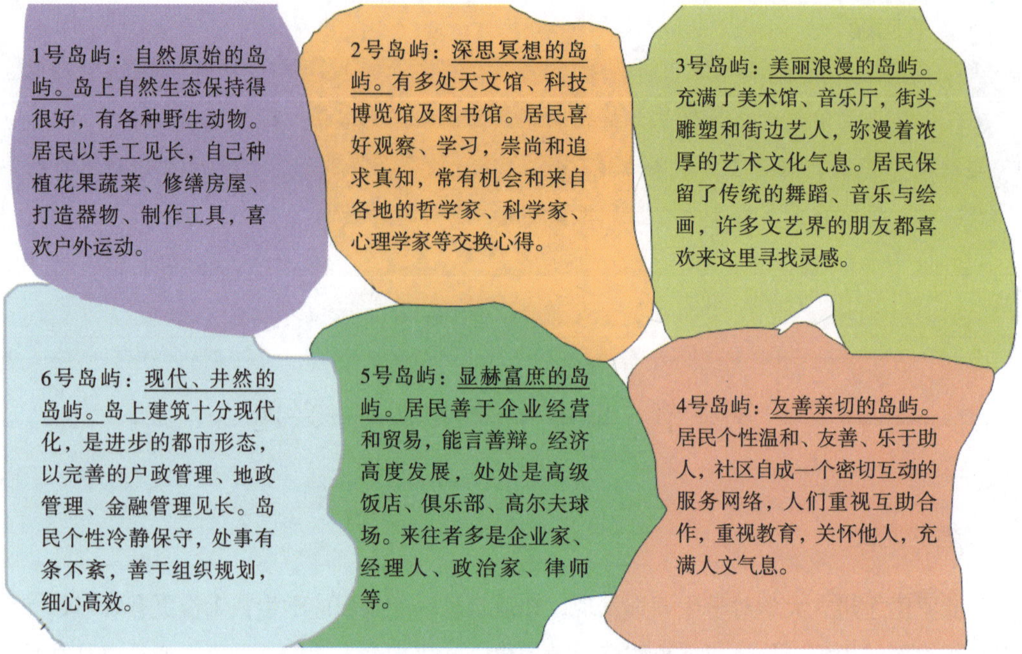

图3-8　六个岛屿

职业兴趣领域的最为经典的理论就是霍兰德的六型职业兴趣理论[5]。霍兰德的基本假设是，人的兴趣可以分为不同的类型，职业环境也可以分为不同的类型。人与职业环境的类型匹配是形成职业满意度、成就感的基础。霍兰德将人分为六个类型，如表3-2和图3-9所示。

表3-2　霍兰德职业兴趣理论

类型	喜欢的活动	重视	职业环境要求	典型职业
实干型（realistic，R）	用手、工具、机器制造或修理东西。愿意从事实物性的工作、体力活动，喜欢户外活动或操作机器，而不喜欢在办公室工作	具体实际的事物，诚实，有常识	使用手工或机械技能对物体、工具、机器、动物等进行操作，从事“事物”工作的能力比与“人”打交道的能力更为重要	园艺师、木匠、汽车修理工、工程师、军官、外科医生、足球教练
研究型（investigative，I）	喜欢探索和理解事物，学习研究那些需要分析、思考的抽象问题，喜欢阅读和讨论有关科学性的论题，喜欢独立工作，对未知问题的挑战充满兴趣	知识，学习，成就，独立	分析研究问题、运用复杂和抽象的思维创造性地解决问题的能力，谨慎缜密，能运用智慧独立地工作，一定的写作能力	实验室工作人员、生物学家、化学家、心理学家、工程设计师、大学教授

续表

类型	喜欢的活动	重视	职业环境要求	典型职业
艺术型（artistic，A）	喜欢自我表达，喜欢文学、音乐、艺术和表演等具有创造性、变化性的工作，重视作品的原创性和创意	有创意的想法，自我表达，自由，美	创造力，对情感的表现能力，以非传统的方式来表现自己；相当自由、开放	作家、编辑、音乐家、摄影师、厨师、漫画家、导演、室内装潢设计师
社会型（social，S）	喜欢与人合作，热情，关心他人的幸福，愿意帮助别人成长或解决困难、为他人提供服务	服务社会与他人，公正，理解，平等，理想	人际交往能力，教导、医治、帮助他人等方面的技能，对他人表现出精神上的关爱，愿意担负社会责任	教师、社会工作者、牧师、心理咨询师、护士
企业型（enterprising，E）	喜欢领导和支配别人，通过领导、劝说他人或推销自己的观念、产品而达到个人或组织的目标，希望成就一番事业	经济和社会地位上的成功，忠诚，冒险精神，责任	说服他人或支配他人的能力，敢于承担风险，目标导向	律师、政治运动领袖、市场部经理、电视制片人、保险代理人
传统型（conventional，C）	喜欢固定的、有秩序的工作或活动，希望确切地知道工作的要求和标准，愿意在一个大的机构中处于从属地位，对文字、数据和事物进行细致有序的系统处理，以达到特定的标准	准确、有条理、节俭、盈利	文书技巧，组织能力，听取并遵从指示的能力，能够按时完成工作并达到严格的标准，有组织、有计划	文字编辑、会计师、银行家、薄记员、办事员、税务员和计算机操作员

图3-9 霍兰德职业兴趣理论

霍兰德以一个六边形形象地阐述了这六个类型之间的关系，如图3-10所示，六个类型占据了六边形的六个角，相邻的两角一致性高，在图中用粗实线表示，即相邻两个类型间有一些共同的特点。而相隔一角的类型之间一致性次之，用细实线表示。相对角之间的类型一致性最弱，差异性最大，用虚线表示。如以社会型与实干型为例，社会型的人喜欢跟人打交道，在团体中工作，看重人际互动，但实干型的人则偏好用机器来工作，而不喜欢过多的人际交往。单一类型的人很少，一般情况下，都是几个类型的结合体。

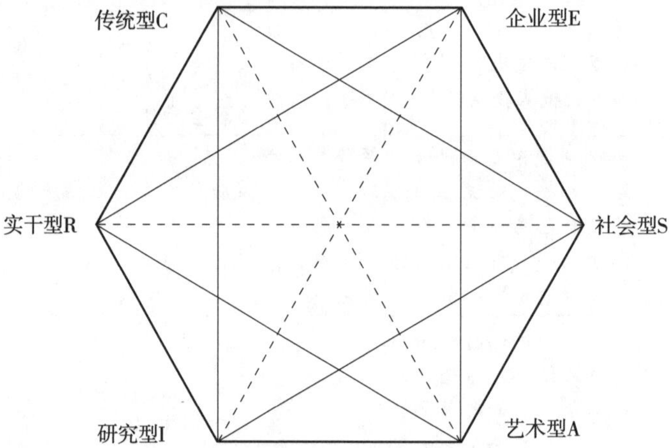

图3-10 霍兰德生涯类型图：六个类型之间的关系

图3-8中的六个“兴趣岛”对应着霍兰德职业兴趣理论的六个类型。除了“兴趣岛”之外，还有很多其他的兴趣探索方法，比如白日梦、爱好总结、朋友分析、特点印证、专业问卷等。大家可以根据自己的兴趣，选择喜欢的方法。

◎兴趣与职业生涯

兴趣投入是人生幸福感的来源[6]。美国芝加哥大学心理学教授米哈利发现，当人们专心致志地从事某种活动，甚至忘我地完全沉浸在这种活动中的时候，他们感到最为愉快和满足。大量研究表明，兴趣与工作满意度、职业稳定性和职业成就感之间存在着明显的关联。正如巴菲特所说，“我和你没有什么差别。如果你一定要找一个差别，那可能就是我每天有机会做我最爱的工作。如果你要我给你忠告，这就是我能给你的最好忠告了。”

兴趣可以划分为职业兴趣和非职业兴趣。不是每一种兴趣都可以与某种职业联系起来，也并不是所有的兴趣都应该或能够在自己的职业中体现，关键在于工作和生活之间的协调与平衡，以及工作与个人爱好的适度统一。

兴趣虽然与技能有密切关系，但是兴趣并不代表能力的高低。雇主常常看中技能，我们需要有意识地把兴趣转化为技能。技能就业，兴趣择业。不要追求“完美”的适配，“完美”的职业。

兴趣是可以发展的。兴趣有先天的因素，也有后天学习的成分。大学是“探索期”，不是“定型期”。我们应该积极发展自己的能力与兴趣，生涯不能仅仅根据现存的特质决定。

☑ 案例分析

案例：一直以来，小张都是众人眼中的优等生，重点中学、重点大学、保送研究生，一路顺风顺水。在面临就业时，他的择业也是众多亲戚关注的大事。有些亲戚觉得公务员才是最有前景的职业；有些亲戚觉得现在是金融业的天下，首选进银行；还有些亲戚觉得他工科专业学习7年，还是进本行业最稳妥，但对在本行业内做业务还是做技术又有分歧。

就这样，在众多不同的声音中，小张进入了研三，站在了择业的十字路口。小张是一个兴趣比较广泛的人，知识面也比较宽，在同学眼中是个“百事通”。但这种性格特征也造成小张没有十分突出的长项和明显的好恶，觉得什么都可以做，并无明确的方向。于是本着“广泛撒网、重点捕捞”的想法，小张做了多手准备，并做了如下安排：四成时间准备公务员国考，三成时间准备应聘金融行业（银行、证券），三成时间准备本专业相关单位应聘。公务员考试11月报名，次年4月考试，在研三上学期小张并未投入太多时间，精力主要放在应聘银行和应聘本专业对口单位上。虽然小张“知识面较广”，但对金融行业的专业知识还是十分缺乏，于是投入了许多精力补习金融行业的专业知识。但由于本专业和金融行业实在关联不大，在和金融类科班出身的同学的竞争中难免处于下风。虽然最终收到了几份银行的录用通知，但要么是单位地处偏僻，要么是职位偏向技术支持，远离“核心岗位”，最终都未能签约。至于本专业的对口单位，由于他没有全力准备，应聘情况不尽如人意，虽然拿到了一些录用通知，但由于与传说中金融业的“光明钱途”相比差距太大，小张也放弃了。

小张就这样忙碌了一个学期，但仍未签约满意的单位。看着周围大多数同学都签了单位，安心撰写毕业论文，小张逐渐失去了开始的从容和斗志。但是校园招聘的高峰期已经结束，小张就这样错失了许多业内的知名企业，最后小张只能寄希望于公务员考试。但雪上加霜的是，由于报名公务员考试也是临时起意，事先了解和准备不充分，报考的职位政策上倾向于有基层工作经验的报考者，虽然小张通过了笔试，但最终由于阅历不足，面试折戟，未能在竞争白热化的国考中脱颖而出。

最终，小张与一个很普通的公司签署了合同。

案例点评：兴趣广泛是个好事，但是兴趣不等于能力。“样样通，样样松”，在工作中是完全行不通的。小张没有把自己的时间和精力放在一个确定的方向和目标上，并着力提高这方面的能力，最终导致了自己“悲催”的找工作的结局。

阅读小贴士　名人名言

成功的秘密就是使你的职业成为你的爱好。

——马克·吐温，美国作家、演说家

虽然我们做了几十年的研究，但预测个人职业选择最有效的方法却是询问这个人自己想做什么。

——约翰·霍兰德，美国职业规划师

练习题

请应用本节内容，尝试回答大学生常见的困惑：

●我不知道自己的兴趣是什么，怎么办?

●我的兴趣很广，该有所选择吗?

●我对本专业不感兴趣，该怎么办?

☑ 章节回顾

霍兰德职业兴趣理论把人分为实干型、研究型、艺术型、社会型、企业型和传统型六种。按照霍兰德的观点，职业环境也可以分为这六种类型。人与职业环境的类型匹配是形成职业满意度、成就感的基础。

第四节　职业生涯探索——能力

◎能力的定义

能力（aptitude）是人们顺利实现某种活动的心理条件，它不仅包含一个人现在已经达到的水平，而且包含一个人所具有的潜力。技能（skill）是人们通过后天学习和练习而获得的能力，通常表现为某种动作系统和动作方式。

著名心理学家加德纳提出了多元智能理论（the theory of multiple intelligences），他认为人的智能各不相同，有以下八种不同的智能领域（图3-11）[7]。

（1）语言智能。阅读、写文章或小说以及日常会话的能力。

（2）逻辑・数学智能。数学运算与逻辑思考的能力。

（3）空间智能。认识环境、辨别方向的能力。

（4）音乐智能。对声音的辨别与韵律表达的能力。

（5）身体运动智能。支配肢体完成精密作业的能力。

（6）人际智能。与人交往且能和睦相处的能力，如理解别人的行为、动机或情绪。

（7）内省智能。认识自己并选择自己生活方向的能力。

（8）自然探索智能。认识自然界和自然物并与之和谐相处的能力。

除此之外，他正在试图论证第九种智能类型——所谓的“存在智能”，即对自己的存在、存在的意义等问题的认识能力。

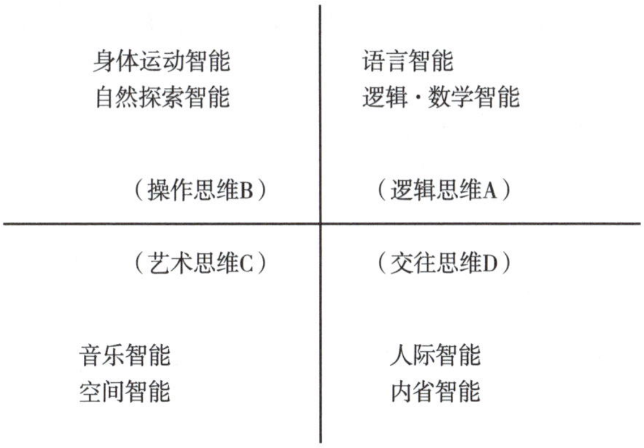

图3-11　多元智能理论

表达技能的词汇，也就是用来说服雇主给自己工作的词汇。

辛迪・梵（Sidney Fine）和理查德・鲍尔斯（Richard Bolles）将技能分为三种类型：专

业知识技能、可迁移技能（或称通用技能）、自我管理技能。通常人们比较容易想到自己所具有的知识技能，但实际上后两种技能更为重要，它们使我们有可能不局限于自己所学的专业，可以在更广的范围内选择职业；它们对于我们在竞争中胜出具有关键性的作用，并且使我们能够在工作中得到更长久的发展；而雇主们对它们的重视程度，也往往超过了对单纯知识技能的重视。

1. 专业知识技能

专业知识技能是指那些需要通过教育或者培训才能获得的特别的知识或能力，也就是个人所学习的科目、所懂得的知识，如外语、中国古代历史、电脑编程或化学元素周期等知识。

专业知识技能不可迁移，也就是说，它们是一些特殊的词汇、程序和学科内容，必须经过有意识的、专门的培训才能掌握。它们常常与我们的专业学习或工作内容直接相关。

事实上，专业知识技能并非只有通过正式的专业教育才能获得。除了学校课程，课外培训、专业会议、讲座、研讨会、自学、资格认证考试等方式都可以帮助个人获得专业知识技能。此外，还可通过新员工相关的上岗培训获得专业知识技能。

2. 可迁移技能

可迁移技能就是一个人会做到的事，如教学、组织、说服、设计、安装、帮助、计算、考察、分析、探索、决策、维修等。

可迁移技能的特征是它们可以从生活中的方方面面，特别是工作之外得到发展，并且可以迁移应用于不同的工作之中。几乎在所有的工作中，都或多或少地会用到这些技能。因此，可迁移技能也被称为“通用技能”。

可迁移技能也是个人最能持续运用和最能够依靠的技能。随着信息时代的到来，新技术日新月异地发展。与专业知识技能相比，可迁移技能无所谓更新换代，而且无论你的需求和工作环境有什么样的变化，它们都可以得到应用。随着我们工作经验和生活阅历的增加，可迁移技能还会得到不断的发展。既然它们在许多工作中都会用到，那么它们的重要性不容忽视。

事实上，专业知识技能的运用都是要以可迁移技能为基础的。

从这个意义上说，在求职的时候，尽管你从来没有从事过某个职务，但只要你实际上具备这个职务所要求的种种技能，你就可以证明自己有资格去从事它。

学习文学、历史、哲学等人文专业的学生常常感到苦恼，因为他们所学的专业似乎不如计算机、建筑、机械等理工科专业实用。事实上，人文专业的学习除了使他们具备一些重要知识外，也使他们掌握了许多可迁移技能。

3. 自我管理技能

自我管理技能经常被看作个性品质而非技能，因为它们被用来描述或说明人具有的某些特征。它们涉及个体在不同的环境下如何管理自己：是勇于创新还是循规蹈矩，是认真还是敷衍了事，能否在压力下保持镇定，是否对工作有热情，是否自信等。

良好的自我管理技能能够帮助个体更好地适应周围的环境、应对出现的各种问题，因此它们也被称为“适应性技能”。一个人如何使用自己的专业知识，以什么样的态度从事工作，甚至比工作内容本身更为重要。正是这样一些品质和态度，将个人与许多其他具有相同知识技能的候选人区别开来，最终得到一份工作，并能够适应新的环境和规则，在工作中取得成就，获得加薪和晋升的机会。因此，有人称它们为“成功所需要的品质、个人最有价值的资产”。

事实上，人们被解雇或离职更多的时候是因为缺乏自我管理技能，而不是因为缺乏专业能力（比如，由于个性上的原因易与他人发生摩擦等）。在用人单位对刚毕业的大学生的意见中，常听到的是“缺少敬业精神、没有服务意识、眼高手低、不认真、不踏实、没有主动进取精神”等，而这些都是与自我管理技能相关的。

自我管理技能无论是一个人先天具有的还是后天习得的，都需要练习。它们可以从非工作（生活）领域迁移转换到工作领域，也就是说，耐心、负责、热情、敏捷这些技能并不是通过专门的课程学习到的，而是在日常生活中随时随地培养的。

◎探索个人能力

成绩单、实践报告、实习证明、工作履历表等，都是个人能力的展现。通过技能问卷或技能分类卡，也可以发现个人能力。下面主要介绍成就故事集的撰写。

成就故事的撰写需要遵循STAR法则，即一个故事需要包括以下几个方面。

（1）当时的形式（situation）。

（2）面临的任务/目标（task/target）。

（3）采取的行动/态度（action/attitude）。

（4）取得的结果（results）。

编写3～5个成就故事之后，形成成就故事集，然后尝试分析其中所反映的个人技能。

☑ 成就故事案例

这学期，作为师范生的必要培训内容之一，教学技能培训课要求我们在学期当中必须自选题目并用PPT进行一次演示讲解。在此之前，我没有学过如何制作PPT。我请同宿舍的一位同学用了大约二十分钟的时间教我PowerPoint软件的基本使用方法，我又在学校的电脑机房琢磨了一下，并向机房的管理人员请教了几个不明白的问题。选定了要讲的题目以后，我上网搜索了相关的资料和图片，然后制作了十分钟课程的辅助教学PPT。在课堂讲解演示中，由于我制作的PPT图片精美、文字与内容搭配得宜，我获得了95分的高分，并得到了老师和同学的称赞。

对于各种不同类型技能的发现，也可以通过以下问题来引导自己思考。

1. 专业知识技能的发现

你大学学习的是什么专业？

你的专业课有哪些？

除了专业课之外，你还选修了哪些课程？

你参加过哪些相关培训？

你最近在看什么书？

你有什么兴趣？

2. 可迁移技能的发现

你会做什么？

你参加过哪些社会实践？

请用5～10个动词来概述你的工作能力。

你觉得自己最突出的工作能力有哪些？

哪些能力使你能够胜任这项工作？

3. 自我管理技能的发现

请用5个形容词来描述你的优点。

在老师眼里，你是一个什么样的学生？

你的同学通常怎么评价你？

通常，你给人留下的最深刻的印象是什么？

你觉得自己身上最明显的特点是什么？

◎能力与职业生涯

能力在职业生涯中至关重要，每一种工作都有自己所需要的特定技能[8]。表3-3列出了一些职业需要的能力。

表3-3 部分职业与其所需职业能力的标准

职业	一般学习能力	语言能力	运算能力	空间判断能力	形态知觉能力	书写能力	运动协调能力	手指灵活	手的灵巧
建筑师	强	强	强	强	较强	一般	一般	一般	一般
律师	强	强	一般	较弱	较弱	一般	较弱	较弱	较弱
医生	强	强	较强	较强	强	一般	较强	较强	较强
护士	较强	较强	一般	一般	一般	一般	一般	一般	一般
演员	较强	较强	较弱	一般	较弱	较弱	较弱	较弱	较弱
秘书	一般	一般	一般	较弱	一般	较强	一般	一般	一般

续表

职业	一般学习能力	语言能力	运算能力	空间判断能力	形态知觉能力	书写能力	运动协调能力	手指灵活	手的灵巧
统计员	一般	一般	较强	较弱	一般	较强	一般	一般	较弱
服务员	一般	一般	较弱	较弱	较弱	较弱	一般	较弱	一般
驾驶员	一般	一般	较弱	一般	一般	弱	一般	一般	一般
纺织工	较弱	较弱	较弱	较弱	一般	弱	一般	一般	一般
机床工	一般	较弱	较弱	一般	一般	较弱	一般	较弱	一般
裁缝	一般	一般	较弱	一般	一般	较弱	一般	较强	一般

我们可以通过各种方式了解不同职业对个人能力的要求，如参观、体验、实习，直接接触工作环境；如访谈、看书、上网、查阅资料等，通过间接信息了解。

求职前，我们需要培养各种工作所需的能力和技能，同时通过各种途径了解自己目标工作所需要的能力与技能；在求职过程中，我们需要找到恰当的方式，描述自己所拥有的能力，向雇主证明自己能够胜任岗位；工作以后，我们需要在岗位上进一步发展自己的能力和技能，以便将来能适应更加复杂和困难的工作。最理想的状态是，工作可以使用到我们熟练的、擅长的并且愿意使用的技能，还能持续发展，让自己不断成长。

阅读小贴士　美国企业重视的技能

（1）沟通能力。

（2）积极主动性。

（3）团队合作技能。

（4）领导能力。

（5）学习能力。

（6）人际交往能力。

（7）适应能力。

（8）专业技能。

（9）诚实正直。

（10）工作道德。

（11）分析解决问题的能力。

练习题

尝试自己撰写成就故事集，并仔细分析，看看自己到底具有什么能力。

☑ 章节回顾

技能可以分为知识技能、可迁移技能和自我管理技能，后两种能力比第一种能力更不容忽视。通过成就故事集撰写和分析等方式，可以很好地分析自己拥有的能力。

☑ 参考文献

[1] 程杜明. 你的船你的海：职业生涯规划［M］. 北京：新华出版社，2007.
[2] 施恩. 职业锚：发现你的真正价值［M］. 北森测评网，译. 北京：中国财经出版社，2004.
[3] 唐娜，邓宁. 你的职业性格是什么？MBTI16型人格与职业规划［M］. 王瑶，邢之浩，译. 北京：电子工业出版社，2014.
[4] 保罗·D·蒂戈尔，巴巴拉·巴伦-蒂戈尔. 就业宝典——根据性格选择职业［M］. 李楠，译. 北京：中信出版社，2002.
[5] 钟谷兰，杨开. 大学生职业生涯发展与规划（第2版）［M］. 上海：华东师范大学出版社，2016.
[6] 保罗·D·泰戈尔，芭芭拉·布朗-泰戈尔. 不必火星撞地球：避开交际中的性格陷井［M］.殷红姣，译. 北京：机械工业出版社，2006.
[7] 理查德·尼尔森·鲍利斯. 你的降落伞是什么颜色？［M］. 李春雨，王鹏程，陈雁，译. 北京：中国华侨出版社，2014.
[8] 戴安·萨克尼克，威廉·班达特，丽莎·若夫门. 职业指导——职业生涯规划教程（第7版）［M］. 北京大学学生就业指导服务中心，译. 北京：中国劳动社会保障出版社，2005.

第四章　择世所需，顺势而为

☑ 本章导读

在目前的人才市场中存在一个现象：供需不平衡。很多用人单位在“人才济济”的市场往往很难找到自己需要的员工。另外，求职者也时常抱怨找不到合适的岗位。是用人单位或者求职者要求太高，还是真的没有适合的人或者适合的岗位？

一个成功的职场人，总是能顺势而为，不光看到历史的大趋势，也能看到事物发展的小趋势，如整个社会政治经济走向如何，市场的走向如何，行业循环向上发展的势头如何，个人职业发展能力的要求变化情况如何。

让我们走进本章，一起了解大学学习之外，还需要提前探索的工作世界和掌握的工作技能。

☑ 典型案例

案例1：小帅同学进入大学之后，觉得高中生活非常辛苦，大学生活一定要好好享受，将四年之后的求职远远抛在脑后，认为凭借自己学校在行业的靠前地位，找到好工作完全没问题。他的大学生活过得十分安逸，专业知识课程都是低分飘过，基础不牢，且他沉迷游戏，不善于沟通表达。在求职时，小帅屡屡碰壁。

案例2：小李同学进校后就决定，本科毕业后要找个好工作。一开始听家人说公务员稳定、待遇好，她决心考家乡的公务员；后来听同学谈到市场销售收入高，她又想尝试市场销售类工作；之后听师兄、师姐介绍与自己专业相关的技术类行业，发展前景好，她又转而寻找技术类岗位。她方向不清，经常改变想法，也没能专注在某一方面好好增强实力，最终影响了自己的求职。

以上两位同学是很典型的就业“问题学生”：小帅同学对未来缺乏明确的规划，不愿意去接触、了解社会，到求职时临时抱佛脚，最终由于自身能力的缺乏无法找到心仪的工作；小李同学对自己的职业发展缺乏清晰的定位，对就业面的选择也经常受到外界影响，没有从自己的职业发展规划角度去思考。归根结底，这些困境都是源于他们没有详细了解职场需求，也没有将自身职业生涯与时势发展相结合。

第一节　行业的认识

◎行业与职业分类

1. 行业的分类

大学生进入社会之前，需要对职业进行一定的了解，职业首先需要置于行业大背景中去认识。当今行业分类有很多种，2017年，国家统计局颁布的《国民经济行业分类》是我国现行行业分类的标准。

《国民经济行业分类》共设20个门类、97个大类、473个中类、1380个小类。其中20个具体的门类类别如下：

A农、林、牧、渔业

B采矿业

C制造业

D电力、燃气及水生产和供应业

E建筑业

F批发和零售业

G交通运输、仓储和邮政业

H住宿和餐饮业

I信息传输、软件和信息技术服务业

J金融业

K房地产业

L租赁和商务服务业

M科学研究和技术服务业

N水利、环境和公共设施管理业

O居民服务、修理和其他服务业

P教育

Q卫生和社会工作

R文化、体育和娱乐业

S公共管理、社会保障和社会组织

T国际组织

以上20个行业门类科学地涵盖了毕业生就业后将进入的不同事业空间。

2. 职业的分类

我国颁布的《中华人民共和国职业分类大典》（2015版），参照国际标准，把职业分为四个层次，包括8个大类、75个中类、434个小类、1481个职业。其中8个大类如下：

（1）党的机关、国家机关、群众团体和社会组织、企事业单位负责人。

（2）专业技术人员。

（3）办事人员和有关人员。

（4）社会生产服务和生活服务人员。

（5）农、林、牧、渔业生产及辅助人员。

（6）生产制造及有关人员。

（7）军人。

（8）不便分类的其他从业人员。

阅读小贴士 国外常见的职业分类方法

世界各国国情不同，其划分职业的标准也有所区别。根据西方国家的一些学者提出的理论，总结出在国外一般有三种职业分类方法。

（1）按脑力劳动和体力劳动的性质、层次进行分类。这种分类方法把工作人员划分为白领工作人员和蓝领工作人员两大类。白领工作人员包括：专业性和技术性的工作人员，农场以外的经理和行政人员、销售人员、办公室人员。蓝领工作人员包括：手工艺及类似的工人、非运输性的技工、运输装置机工人、农场以外的工人、服务性行业工人。这种分类方法明显地表现出职业的等级性。

（2）按心理的个别差异进行分类。这种分类方法是根据美国著名的职业指导专家霍兰德创立的“人格—职业”类型匹配理论，把人格类型划分为六种，即实干型、研究型、艺术型、社会型、企业型和传统型。与其相对应的是六种职业类型。

（3）依据各个职业的主要职责或“从事的工作”进行分类。这种分类方法较为普遍，以两种代表示例。其一是国际标准职业分类。国际标准职业分类把职业由粗至细分为四个层次，即8个大类、83个小类、284个细类、1506个职业项目，总共列出职业1881个。其中8个大类是：①专家、技术人员及有关工作者；②政府官员和企业经理；③事务性工作者和有关工作者；④销售工作者，服务工作者；⑤农业、牧业和林业工作者，以及渔民和猎人；⑥生产及有关工作者；⑦运输设备操作者和劳动者；⑧不能按职业分类的工作者。这种分类方法便于提高国际间职业统计资料的可比性和促进国际交流。其二是加拿大《职业岗位分类词典》的分类。它把分属于国民经济中主要行业的职业划分为23个主类，主类下分81个子类，489个细类，7200多个职业。此种分类对每种职业都有定义，且逐一说明了各种职业的内容及对从业人员在普通教育程度、职业培训、能力倾向、兴趣、性格以及体质等方面的要求，有较大的参考价值。

（资料来源：百度文库）

练习题

用自己的话简要概述中西方职业分类的差别之处。

◎影响行业选择与职位分析的要素

大学毕业生要了解国家行业分类的标准和目前国家产业发展的趋势，在进行行业选择时要根据自己的实际情况考虑以下相关问题。

（1）行业所处的区域。一般来讲，对地域的选择可能早于对行业的选择，很多毕业生在进行职位决策时，往往先确定自己就业的区域，行业所处的区域对毕业生来讲是首先需要了解的。

（2）行业的发展前景。行业的发展前景与毕业生的命运息息相关，没有一名毕业生希望进入到一个前景比较暗淡的行业进行发展，但是的确有很多毕业生进入工作岗位以后才抱怨自己所选的并不是一个“朝阳”产业。一般来讲，需要从产业生命周期角度去看感兴趣的行业处于产业发展的哪一个阶段[1]。

（3）企业在行业中的具体地位。行业是大背景，企业在行业中的地位也决定了大学生进入社会后的一些发展方向，在竞争激烈的行业中处于下游水平的企业很可能被市场所淘汰，对于喜欢平稳和安定的毕业生来讲一定是不适合的。

（4）个人的行业偏好。个人对行业的偏好决定了你为什么选择进入这个行业而没有进入到另外一个行业。将个人的因素置于行业分析之中是十分必要的。

（5）个人的知识储备和能力与行业的相关度、匹配度。一个毕业生向往的企业发出了招聘信息，作为应聘者，如果自己的知识储备与该公司所处的行业的相关度和匹配度比较低，就很难被聘用。所以在大学阶段对自己的生涯进行适当的规划将会使毕业生较早地了解自我，了解外部环境，进行合适的选择和决策[2]。

除此之外，大学生想要获得比较理想的工作，还要了解具体的职位信息，因而，职位分析也非常重要。

职位分析是一种对职务的设置目的、主要责任、工作内容、权利范围以及工作环境等重要问题的说明，对于企业人力资源部门的意义远大于应聘的大学生，但是大学生在应聘具体岗位、职位时进行必要的职位分析对就业成功十分有帮助。职位分析包括以下几个方面：

（1）职位内容。需要明确空缺职位的具体工作内容。

（2）职位要求的基本素质。了解这个职位到底需要什么样的应聘者，英语水平、性格特点、工作强度、特殊技巧等因素都是需要仔细分析并与自身的条件相比较的。

（3）职位的主要责任。该职位是向谁汇报，主要职责是什么，需要协调什么类型的同事等，均需要了解清楚。

（4）职位的工作环境。工作环境是不是适合自己也是一个很重要的因素。主要分析职位的工作地点、工作时间、工作的氛围等，如果可以较早地分析透彻并做好准备，就可以很好地适应职位的要求。

（5）自己的兴趣、自己的知识储备和能力这两个因素与职位的匹配度。与行业分析一样，这两个因素是在职业认知中需要不断检验的内容。

☑ 案例分析

案例：小徐是一名本科毕业生，他在毕业求职的时候对广告策划这一职业产生了兴趣。面试了几家大、中、小型广告公司，但频频碰壁，原因是小徐的本科专业是与工科技术相关，平时也缺乏广告策划相关知识和实践经验的积累。

案例点评：作为应聘者，应选择与自己的知识储备相关度和匹配度比较高的行业或公司，否则很难被聘用。所谓机会是留给有准备的人。所以在大学阶段应该对自己生涯尽早开始适当规划，充实自身经历与提高能力，同时多关注并了解外部环境，进行合适的选择和决策。

阅读小贴士　马斯洛需求层次理论

马斯洛需求层次理论是行为科学的理论之一，由美国心理学家亚伯拉罕·马斯洛于1943年在《人类激励理论》论文中所提出。

马斯洛需求层次理论把需求分成生理需求（physiological needs）、安全需求（safety needs）、爱和归属感（love and belonging）、尊重（esteem）和自我实现（self-actualization）五类，依次由较低层次到较高层次排列。

练习题

进一步深入学习马斯洛需求层次理论，试谈不同的需求层次可能对应的行业选择。

☑ **章节回顾**

本节介绍了行业和职业的分类，以及影响行业选择与职业分析的要素。希望同学们在做出求职决定之前，深入了解职场相关的基本知识，不打无准备之仗。

第二节　就业现状与挑战

◎宏观工作世界现状

宏观工作世界的现状包括劳动力供求关系、各地区各行业的需求分布、职业生涯的理念等内容。工作世界信息的实时性很强，因此你在应用本节信息时应当注意其时效性。

1. 供求状况

总体而言，中国劳动力市场上劳动力的供给大于需求。但经济学家蔡昉提出中国劳动力无限供给的时代正在结束，全国劳动年龄人口的比例也停止提高，稳定若干年后会呈现降低的趋势。这意味着在未来几年中整体就业趋势将逐渐好转，人力成本将逐渐提升。

2. 结构性失业问题突出

结构性失业是经济、产业结构变化以及生产形式、规模变化促使劳动力结构进行相应调整而导致的失业。由于我国正在对经济结构进行重大调整，相应地，劳动力结构必然要进行同步调整，这不可避免地会造成结构性失业。这就意味着“劳动力供给过剩和短缺并存”，失业不是因为缺乏就业机会，而是合格的劳动力不足[3]。其中高级技术人才和高级管理人才尤为短缺。

3. 信息化、全球化时代带来国际化人才竞争

信息技术的高度发展缩短了全球各个国家的距离，使经济资源在全球范围内进行重新组合和配置。使用外籍员工带来更加激烈的人才竞争。

对宏观工作世界的了解可以帮助学生在求职时比较从容地承受激烈的竞争压力，提前做好技能、心理等方面的准备，以积极姿态应对所面临的各种情况。

4. 标准劳动关系、非标准劳动关系

标准劳动关系是指传统劳动法所构建的劳动关系。与之相对地非标准劳动关系，类似的称谓有非正规劳动关系、弹性劳动关系或灵活就业中的劳动关系等，目前学界还没有较为一致的明确的界定。非标准劳动关系，从其主体特殊性分析，包括临时工、非全日工、自雇工、家庭工、轮班工、派遣工以及我国仍存在的学徒工。

5. 新生的职业生涯信念

传统职业生涯信念与新生职业生涯信念之间的比较如表4-1所示。

表4-1 传统职业生涯信念与新生职业生涯信念之间的比较

传统职业生涯信念	新生职业生涯信念
重视忠诚和工作任期 接受工作稳定的职业生涯模式； 忠诚于公司，公司将以延长工作任期作为奖励； 经常需要个人为公司利益做出牺牲	**重视承诺和绩效** 接受实现个人理想的职业生涯模式； 忠诚于增强信心的理想，人生的价值是做贡献和适应新的要求； 认为团队的协作和彼此忠诚是重要的
成长 成长就相当于晋升； 逐级晋升就等于成功	**成长** 成长与个人发展和人生意义相关，尤其要扩大知识面，提高技能水平； 从事个人认为有意义的活动就等于成功
员工发展 组织重视员工发展； 个人重视组织所提供的职业生涯道路，通过获得组织认为重要的技能需求保障； 组织对员工的职业发展负责	**个人发展** 组织重视个人发展； 最成功的工作环境会鼓励员工不断学习和进步； 个人对自己的职业发展负责
组织模式 组织相当于一个小家庭：高级管理人员会照顾我们	**组织模式** 组织相当于一个大家庭：重要的是伙伴关系和关系网络，服务是共享的
组织体制 以职位等级为基础，由具体的工作组成	**组织体制** 以要做的工作为基础，由合同、联盟和网络组成

阅读小贴士 技术移民[4]

对于全球大多数国家，技术移民已成为世界性问题。在全球范围内的地区性、国际性与国家政策议程中，技术移民问题已名列前茅。技术工作者迁移模式正在形成，从而造成大部分国家都会成为技术移民的起点、终点或中转站。

在全球范围内，技术移民的数量正在增长。根据2013年的统计数据，相比2000年的1.74亿移民，2013年全球有2.32亿国际移民，大约占全球总人口的3%。

技术移民的主要驱动力仍然与就业相关。如果有若干个发展可能，人们很自然地会寻求机会，提升自己的专业能力和生活水平。那些移民输出率较高的地区，一般来说总体经济比较落后、工作环境比较落后、社会保障比较低下。据统计，那些从全球各地极端冲突地区逃离的个体，通常会选择投奔科技比较发达的国家。

与技术移民一同背井离乡的家庭成员也会在定居的地区努力工作，或作为雇员，或自主创业。根据Jendrissek的数据，2012年前往美国的最新永久移民数量为100万人，仅次于前往欧盟国家的200万人。此外，前往经合组织地区的技术移民大约有400万人，占移民总数的95%。

技术移民是创新型经济中的关键要素之一。具有高技能的技术工作者的流动已变得具有全球性。在工业化国家中，对于技术移民的需求在不断增长，导致了对这些流动性技术工作者的激烈竞争。如美国、加拿大、澳大利亚等国家，当必要的技术人员数量不足时，就会调整技术移民政策，增强其吸引与保留高级科技人才的能力。它们就会从其他国家获取技术移民，以保持知识创新的领先地位。

练习题

同学们分成小组进行头脑风暴，列举21世纪新出现的职业。

◎就业形势挑战

随着我国高等教育大众化水平的不断提高，就业人口的素质大幅提高。但自高校招生规模扩大以来，高校毕业生就业难问题始终未能得到很好的解决。

目前我国处于经济急速转型，产业升级加速的关键时期，对人才的需求结构正发生急剧变化，高等教育的人才培养目标和各专业人才培养目标与社会需求不相适应。

1. 高校毕业生区域和行业供求存在偏差

我国地区之间收入存在较大差距，一线城市和沿海省份的收入要远远高于中西部地区，收入的区域差距是导致中西部地区企业缺乏人才支撑的重要原因。

此外，国有企业、政府机关、事业单位等“体制内”单位，高校毕业生选择就业的倾向性要远远高于私营企业等“体制外”单位。体制内外的差别说明我国现阶段存在社会资源不公平分配的制度性障碍，导致人才在行业间配置无效率。

2. 高校毕业生的知识结构与产业需求存在偏差

目前我国就业市场上同时存在用工荒和失业潮现象，说明高校人才培养与社会需求脱节，进而导致我国人才结构与产业结构不相适应。用工荒的部门需要大量普通技术型人才，失业潮是由于吸纳高校毕业生能力最强的第三产业发展滞后，经济高速发展没有给大学毕业生提供更多的就业机会。我国目前人才结构呈现橄榄形特征，中间人才过剩，而高端人才和低端技术型人才严重不足。

3. 经济增速的放缓减少了就业岗位

在经济新常态环境下，我国的一个显著的经济特征就是经济的增长速度从高速向中高速转变，经济增长的动力机制以及约束条件等也随之发生着巨大的转变。就经济增长的动力机制而言，技术创新逐渐取代了原来的劳动力，在有效降低劳动成本的同时，也增加了劳动力的失业数量。随着劳动者失业率的逐渐提升，以及经济发展速度的减缓，劳动者就业压力不断增加，生存空间减小。

阅读小贴士　经济转型

经济转型（transition）或经济转轨（transformation）是指一种经济运行状态转向另一种经济运行状态。这种转变有四个关键要素：转型目标模式、转型初始条件、转型过程方式和转型终极条件。其中，转型目标模式以及所谓的渐进和激进两种转型过程方式的比较已是人们熟悉的命题，而对转型条件的研究却有所忽略。

实际上，转型初始条件转变为转型终极条件非常重要，不同的经济运行条件必然会导致不同的运行路径依赖，产生不同的结果，也对转型目标模式产生深远的影响。在探讨经济转型之前，应分析“转型”一词的词义。“转型”作为一个基本概念，最初应用在数学、医学和语言学领域，后来才延伸到社会学和经济学领域。布哈林在研究市场经济向计划经济的转型过程时，曾首先使用了“经济转型”的概念。不同国家学者对经济转型的表述及研究的侧重点均有不同，中文文献往往以“改革、转型、渐进和转化”来描述。

就经济转型的概念而言，经济转型是指一个国家或地区的经济结构和经济制度在一定时期内发生的根本变化。具体地讲，经济转型是经济体制的更新，是经济增长方式的转变，是经济结构的提升，是支柱产业的替换，是国民经济体制和结构发生的一个由量变到质变的过程。

经济转型不是社会主义社会特有的现象，任何一个国家在实现现代化的过程中都会面临经济转型的问题。即使是市场经济体制完善、经济非常发达的西方国家，其经济体制和经济结构也并非尽善尽美，也存在着现存经济制度向更合理、更完善的经济制度转型的过程，也存在着从某种经济结构向另一种经济结构过渡的过程。

（资料来源：https://www.cneo.com.cn/portal.php?aid=114426&mod=view）

练习题

试列举在中国经济转型期受到的冲击最大的行业。

☑ 章节回顾

本节介绍了当前宏观工作世界的就业现状，以及高校毕业生面临的就业形势挑战。希望同学们在走出校园之前充实自身的知识和技能储备，不对就业形势盲目乐观。

第三节　就业机遇

◎就业政策优势

近年来，面对高校毕业生的就业形势，无论是国家还是地方，都在不断出台就业政策，从顶层设计到送户口、送福利、送补贴等“接地气”的各项吸引人才政策，共同为大学生的就业创业保驾护航。

1. 顶层设计政策含金量高

在2017年4月份发布的《国务院关于做好当前和今后一段时期就业创业工作的意见》

（以下简称《意见》）中，从坚持实施就业优先战略、支持新就业形态发展、促进以创业带动就业、抓好重点群体就业创业、强化教育培训和就业创业服务、切实加强组织实施等六个方面对加强就业创业工作进行部署，特别明确要鼓励高校毕业生多渠道就业、提高教育培训质量。本次《意见》的出台目标明确，具有很强的指导性和针对性。

2. 各地引才留才福利不断

随着城市发展差距缩小，加之产业转型升级和城市的发展定位调整，越来越多的二三线城市加入了人才争夺战中。

河北省举办“京津冀招才引智大会”，比起北京、天津，河北省生活相对舒适，创业和生活成本低，让不少大学生争先投奔。在浙江杭州，大学生创业项目申请无偿创业资助的，资助金额的额度从原来的最高10万元提高到20万元；同时实行房租补贴机制，即大学生创业园所在城区政府为入园企业提供两年50平方米的免费用房，对在创业园外租房用于创业的，按标准给予房租补贴。中西部地区更是集中发力，推出了更优惠的一揽子政策，从住房政策、社保补贴、贷款扶持等诸多方面，吸引优秀人才落地。作为老工业基地的东北三省，面对人才外流，也积极乘着“互联网+”的东风，加快城市建设，布局新业态。

从就业政策上看，国家政策范围广、力度大，注重精准性，坚持把就业放在经济社会发展的优先位置，强力推进简政放权、放管结合、优化服务改革，营造鼓励大众创业、万众创新的良好环境，加快培育发展新动能。

阅读小贴士　成都建蓉城人才绿卡制度　实施先落户后就业政策

2017年7月19日，《成都实施人才优先发展战略行动计划》（以下简称《行动计划》）正式发布。根据《行动计划》，成都将放宽人才落户限制，推行“先落户后就业”的落户政策，具有普通全日制大学本科及以上学历的青年人才，凭毕业证来蓉即可申请办理落户手续。

中共成都市委组织部副部长、市人才办主任彭崇实表示：“人才是经济社会发展的第一资源、第一动力，人才聚则产业兴。作为城市功能提升和产业发展的重要因素之一，成都人才资源的聚集刻不容缓。为了深化落实市委、市政府最近出台的‘产业新政50条’，我们研究制定了《成都实施人才优先发展战略行动计划》并于今天正式发布。”随后，彭崇实从七个方面对《行动计划》进行了解读讲解。

一、先落户后就业，放宽人才落户限制

彭崇实表示，落户是广大人才普遍关心的问题。《行动计划》以更开放、更包容、更便利的理念，优化人才落户制度，推行“先落户后就业”的落户政策，放宽落户限制，提高落户便利性，努力打造最具包容性和最具人性化的人才落户制度，鼓励青年人才来蓉创业就业，在蓉落户扎根。这一做法顺应了广大青年“蓉漂”的热切期盼，将进一步增进他们对成都这个“第二故乡”的融入感和归属感。

二、先安居后乐业，加大人才住房保障力度

安居才能乐业。为优化成都人才集聚环境，增强对人才的吸引力，《行动计划》把解决“蓉漂”安居问题摆在更加突出的位置，加强人才住房的供给侧结构性改革，为人才安居提供了人才公寓、产业新城配套租赁住房和用人单位自建倒班房等多种方式和途径的解决方案。

对高层次创新创业人才，提供5年租赁服务和采取期满优惠购买的方式予以保障；对急需紧缺的技能人才、管理人才等，按产城一体化、职住平衡原则配套租赁住房，以租赁的方式向人才开放；对企业技术工人、产业工人等基础性人才，鼓励企业按城市规划与土地出让管理有关规定自建住房（即企业倒班房），解决基础性人才大批量引进后的住房保障问题，确保让广大“蓉漂”住得上房、安得了家，切实为人才来蓉发展提供好“后勤保障”。针对外地来蓉应聘的本科及以上学历的应届毕业生，结合成都产业布局和城市发展总体规划，成都设置了22个7天以内免费入住的青年人才驿站，为符合条件的外地大学生来蓉应聘提供便利条件。

三、建立蓉城人才绿卡制度，打通人才服务绿色通道

《行动计划》提出发放“蓉城人才绿卡”，建立人才绿卡积分制度，逐步建立起从绿卡申领、使用到积分增值等制度体系，为各类人才提供更为完善和更为便捷的服务，创造良好的工作与生活环境。

“蓉城人才绿卡”着力打破学历、职称等限制，根据积分对持卡人分层分类提供住房、落户、配偶就业、子女入园入学、医疗、社保、出入境和停居留便利、创业扶持等服务保障，相较国内其他城市的人才绿卡具有申领方式活、服务项目多、内容更丰富、差异化精准化提供增值服务等创新特征。建立人才服务专员制度，对重点人才（团队）创新创业项目，提供“一对一”的人才专员服务，切实解决人才在蓉创新创业的后顾之忧，提高他们的获得感和荣誉感。

四、免费培训强技能，优化人力资源结构

为把成都的人力资源优势转化为人才优势、把人才优势转化为创新优势，《行动计划》鼓励发展继续教育和职业教育，推进人力资源提能行动，开展全民技术技能免费培训，大力培育高技能人才，着力培养造就一批“成都工匠”，为城市发展提供高素质的人才保障。

《行动计划》通过创新人才培养制度，支持在蓉高校、职业技术（技工）院校按照成都产业发展方向调整学科设置，鼓励在蓉企业与高校、职业技术（技工）院校开展“产教融合”，把学校作为专业人才培养和企业培训提能基地，鼓励高校院所面向社会开放培训资源，向市民提供免费培训。对新取得职业资格证书的，全额报销考试费用，提高广大市民的就业创业竞争力，进而提高全体市民的整体素质和城市的综合竞争力。

五、紧贴产业发展需要，多层多维激励扶持

产业发展离不开高层次创新创业人才的引领和带动，也离不开千千万万专业技术人才、技能人才的保障和支撑。《行动计划》从多层次多维度给予了资助和扶持，既对顶尖团队、领军人才给予大幅资助，又对技术、技能人才实施安家补贴，让各类人才各得其所、各展其能；此外，《行动计划》还重点从促进实体经济和新经济发展出发，对为成都产业发展做出较大贡献的人才，按其年收入予以奖励，充分体现以价值体现价值、以财富回报财富的人才理念。

《行动计划》给予青年大学生创业贷款更大力度的支持，解决其创业初期的资金需求和贷款压力。升级企业引进急需紧缺人才的鼓励政策，对全市重点产业、战略性新兴产业企业新引进人才的安家补贴范围，由原来的专业技术人才扩大至高技能人才，并较大幅度地提高了补贴标准。

《行动计划》建立企业引才奖励制度，通过政府激励企业、企业激励人才的办法，鼓励企业拓宽引才渠道，较大幅度减轻企业引才成本，充分调动和发挥企业等用人主体的引才积极性。此外，还鼓励企业主动育才，对建立首席技师制度的企业给予一定经费资助。

《行动计划》还淡化“外来人才”和“本土人才”概念，首次将已经在成都创新创业的本土创新型企业家和科技人才纳入“成都人才计划”资助范围，在激励吸引外来人才的同时，最大限度地激发本土人才的创新创造活力。

六、发布“白蓝”两书，畅通人才信息发布机制

为畅通成都人才信息发布渠道，增强人才工作透明度、精准度，《行动计划》提出，今后每年年初将发布成都人才白皮书，明确全市重点产业领域急需紧缺岗位的人才需求；年末发布成都人才蓝皮书，分析全市人才现状，明确下一步工作重点。同时，在成都国际人才网适时发布人才工作动态信息，并启用“高端人才全球搜索系统”，实现人才供求信息的动态把握和精准匹配。

七、设立“蓉漂人才日”，让“蓉漂”成为时代风尚

从今天开始，“蓉漂”人才就有自己的节日了！今后每年4月最后一周的星期六为“蓉漂人才日”。作为“蓉漂”人才的专属节日，届时，将发布“蓉漂”双创指数、举办“蓉漂”高峰荟、开展招聘会等系列活动。

（资料来源：http://news.ifeng.com/a/20170719/51459342_0.shtml）

练习题

简要分析国内各地出台就业政策吸引人才的原因。

◎**新形势下就业机遇**

在我国经济转型大背景下，服务业和制造业结构将进一步优化。传统服务业向附加值更高的生产性服务业转型；传统制造业向制造业信息化转型。产业转型升级中将出现产业跨界发展和业态创新，要求就业人员具备跨专业的知识结构，并具备一定的创新能力[5]。培养复合型和创新型的高校毕业生，才能适应新的产业需求。高等院校在人才培养中，要更加注重大学生的通识教育和创新能力的培养。

在我国经济急剧转型时期，工业和服务业将加速融合，信息技术服务、研发设计、第三方物流、融资租赁、销售等生产性服务业将获得快速发展，这将推动我国制造业向高端产业价值链提升。新技术在传统服务部门的应用，促进服务业新业态的不断出现，例如，信息技术在商业、娱乐、物流、仓储等领域的应用，产生了电子商务、网络游戏、精准物流配送；制造业与服务业的融合表现为研发设计、管理咨询等中介服务与制造业上游链条融合，物流配送、维修检测与制造业生产环节相融合，电子商务与制造业下游链条融合。可以看到生产性服务业的发展具有知识密集特点，要求就业人员是拥有跨学科和跨行业知识的复合型人才。

制造业信息化颠覆了传统制造业模式，是信息技术与制造业深度融合，以及我国淘汰落后产能，发展先进制造业的必经途径，表现为物联网、大数据、云计算技术在制造业中的广泛应用。物联网技术在制造业中的应用，实现了从原料采购、生产加工到销售环节的可视化和可控化，大幅提升生产效率；大数据和云计算技术使制造商能够精确掌握消费者的需求偏好信息，实现生产供给与消费者需求的精准对接，促进制造业从标准化生产规模经济向尊重消费者偏好的柔性制造转化。

☑ 案例分析

案例：小徐同学本科毕业于一般院校，后来通过努力考上一所985院校的研究生。小徐很早就关注学院就业的情况，听取老师、同学的意见。开始求职的时候，小徐能正确分析自己的情况，没有像其他同学一样定位在高薪的外企，或是压力大、强度高的民企，而是根据自身的性格因素和专业技能水平情况，定位于工作相对稳定并且压力相对较小的研究所。为此他积极准备，主动找师兄、师姐请教经验，参加各类职业规划讲座和就业经验培训会。圈定一些目标企业后，小徐有针对性地投递简历，积极参加现场招聘，主动向单位推荐自己。最后他签约一家研究所，专业对口，所在城市离家也很近。在同学当中，小徐是较早签约的，对于工作，他自己也感到非常满意。

案例点评：小徐同学能够顺利找到满意的工作，是在于他能够认清自己，做好定位。没有最好的，只有最适合自己的。毕业生在求职前，要正确认清就业形势，合理定位自己的就业方向，做好合理的职业规划。此外，在学习过程中一定要打牢专业基础，书到用时方恨少，事非经过不知难。学校开设的动手实践课程等也要积极参与，这样才能学以致用，考察自身知识掌握的水平，提升自己将知识用于实践的能力。在真正开始求职前，准备好自身的必备能力。

阅读小贴士　为经济转型升级提供坚强人才支撑

习近平同志在党的十九大报告中指出："要坚持党管人才原则，聚天下英才而用之，加快建设人才强国。"贯彻落实这一重要精神，要求我们有识才的慧眼、爱才的诚意、用才的胆识、容才的雅量、聚才的良方，实行更加积极、更加开放、更加有效的人才政策，以人才引领创新、以创新驱动发展，为经济转型升级提供坚强人才支撑。近年来，江苏省徐州市泉山区在选才、引才、育才、留才方面采取了一系列有效举措，积累了宝贵经验。

以产业选才，形成人才"强磁场"。"水积鱼聚，木茂鸟集"。引进集聚人才既不能盲目抢人才，更不能追求数量凑人才。要坚持以产业为导向，遵循市场规律，围绕本地重点产业、重点企业，在调查摸清人才需求具体领域、数量和层次的基础上，更加突出人才与产业的匹配度、与地方经济社会发展的衔接性，努力实现产业集聚与人才荟萃的良性互动。为此，我们坚持以产业集聚人才、以人才引领产业，大力培育具有鲜明特色的产业集群。以电子商务、金融服务、节能环保等为代表的高端产业迅猛发展和高新产业集群的形成，为相关人才施展才华提供了广阔空间，对人才产生了强大吸引力。

以平台引才，搭建人才大舞台。“栽好梧桐树，引得凤凰来”。吸引人才、集聚人才，打造发展平台是关键。打造发展平台，既是栽下引才聚才的“梧桐树”，也是促进创新创业的有效方式。近年来，我们着力进行人才平台建设，围绕转型升级，突出打造一批功能齐全的创新创业载体，完善“众创空间—孵化器—加速器—产业园”服务链；依托科技镇长团搭建产学研结合的支撑平台，努力以一流平台集聚一流人才。以信息谷创新中心为例，它包括创新中心、文化创意园和中关村信息谷创新汇三个物理空间，是一个集研发、商业、交流于一体的创新综合体。仅2016年一年，这一创新综合体就汇聚超过1000家来自国内外相关领域的创新型企业和投资机构，为吸引高层次人才创新创业提供了大舞台。

以项目育才，涵养人才生态圈。项目建设离不开人才支撑，项目建设又可以培养和造就大批人才。我们坚持以项目聚人才育人才、以人才带项目引项目，推动形成项目与人才良性互动、高效融合的良好局面。一方面，突出“高精尖缺”导向，利用各类人才扶持政策主动对接服务园区招商项目，吸引一批高端项目入驻园区，集聚了众多专业化人才和企业家；另一方面，更加注重对项目的扶持培育，主动搭建服务平台，吸引近200个海内外高端项目在泉山区创新中心路演，吸引美国、英国、澳大利亚等20个国家的高层次人才和在校大学生参加，产生了较大集聚效应。

以环境留才，打造人才服务链。环境好，则人才聚、事业兴；环境不好，则人才散、事业衰。人才发展环境的优势已经成为人才竞争的关键要素。我们牢固树立人才资源是第一资源的理念，对于各类人才，只要想创业政府就鼓励，只要有创新政府就扶持。比如，2016年设立“3个1000万”用于创新创业补贴，即1000万元的电子商务发展基金、1000万元的“双+惠民包”专项资金、1000万元的经营场地租金补贴，全力推动双招双引、项目建设和产业发展。此外，还制定出台《高层次人才服务办法》，从全程协办、子女入学、便捷医疗等多个方面对高层次人才进行精准服务，确保人才引得来、留得住、用得好。

（资料来源：http://theory.people.com.cn/nl/2017/1205/c40531-29685825.html）

练习题

请收集自己有意向就业的地区或城市近5年的“人才蓝皮书”“人才白皮书”，了解该地区或城市的人才发展情况。

☑ 章节回顾

本章介绍了行业和职业的相关概念，并分析了目前高校毕业生面临的就业现状、机遇与挑战。知彼知己，百战不殆。希望同学们通过对本章的学习，能够认识到了解就业形势，并择世所需、顺势而为的重要性，提前规划、充实自身，为将来求职做好充分准备。

☑ 参考文献

［1］李响．上海市青年群体职业选择影响因素研究——以电气行业为例［J］．现代商业，2018，14．

［2］李敏．基于马斯洛需求理论对“微时代”大学生职业规划教育的研究——以扬州大学为例［J］．中国大学生就业，2018，16．

［3］彭帮银．经济新常态下我国就业形势的变化与政策创新［J］．企业改革与管理，2018，（16）：72-93.

［4］顾皓，王孙禺．科技人才的全球化竞争与流动——浅谈国际学生、技术移民以及经合组织劳动力市场［J］．高等工程教育研究，2016，（4）：34-39.

［5］刘燕斌．面对新形势 如何稳就业［J］．中国人力资源社会保障，2019，（3）：14-16.

Part3

决策篇 全力以赴，迎接风景

- ◆ 扬长避短，软硬兼施
- ◆ 择己所爱，职业加码
- ◆ 敲定决策，前程无忧

第五章　扬长避短，软硬兼施

☑ 本章导读

了解了行业发展情况和国家就业环境，进行了清晰的职业生涯规划，就一定能够找到心仪的工作吗？相信大部分同学做到了这一步的时候，都信心满满。临门一脚固然重要，但是俗话说，“台上一分钟，台下十年功”，对于同学们来说，这“十年功”就是你所拥有的知识、能力和素质。

你需要什么样的知识储备？你需要提升哪些能力？你知道职业素质最重要的是哪些方面吗？本章将会告诉你这些问题的答案。

☑ 典型案例

案例1：小刘是一名工科生，本科期间成绩十分优秀，也积极参加各种科技竞赛。但是令同学们感到惊讶的是，小刘从来不会在任何选修课上看专业课的书，或者做必修课的作业，甚至连大部分同学都觉得枯燥的哲学选修课，他一样听得津津有味，课余时间还积极参加学生会等学生组织，担任学生干部。毕业时，学校招聘辅导员，小刘既有优异的成绩、广博的知识面，对天文地理、时事政治都有涉猎，又有良好的综合素质，有不错的表达能力和写作能力，最终在面试中脱颖而出，成功留校担任辅导员。

案例2：王某是2018届本科毕业生，大一就决定毕业时直接找工作。但是王某却并没有进一步去思考自己该怎么做，简单地认为上好课不挂科就可以了。结果在找工作时屡屡受挫，转眼就到4月了，还没找到工作，他心急如焚，找到辅导员帮助分析自己的问题所在。在看了他的求职简历和听他描述了一些面试的情况之后，辅导员发现王某存在几个问题：①简历内容较乱，没有重点；②在面试环节，每当问到细节问题时，王某总会出现类似“不知道”或者“我记不住了”的回答。这些体现出他所掌握的知识结构不完整和自我认识混乱的弱点，辅导员老师帮他梳理了自己的特长，做了面试指导，之后，王某终于找到了工作。

以上两个案例，情况有些类似，两位同学均有清晰的职业规划和明确的求职目标。但是第一个案例中的同学不仅知道自己的目标，还明确地知道自己应该去储备什么知识，提高哪方面能力，所以顺利实现了目标。而第二个案例中的同学，尽管有目标，但是却不清楚需要准备什么，对所学知识也缺乏梳理，导致屡屡碰壁。由此可见，知识、能力和素质的提升对大学生求职而言缺一不可。

第一节　知识的准备

◎**知识的分类**

对于知识一词，同学们都耳熟能详。人们普遍认为：知识是人类对物质世界以及精神世界探索的结果和总结，它是人类在不断地认识客观世界、改造自然和社会的过程中不断总结和凝练的系统的认识，也是人类文明进步的重要载体[1]。

目前全球范围内，科技发展日新月异，学科分类成千上万，作为一名大学生，同学们必须明白应当掌握哪些知识，才能在求职路上游刃有余，争取到满意的工作。

1. 基础知识

基础知识主要是指数学、物理、化学、经济、政治、历史、地理、外语、文学、音乐、美术、心理学等。如果把一个人比作一座高楼大厦，那么这些基础知识就是地基，地基打稳了，同学们才能把自己这座大厦建得更高。自然科学类知识诸如化学、物理，对同学们认识客观世界和事物具有基本的指导性；政治、历史等人文社科类知识是同学们提高修养的必备粮食；文学、外语等是同学们阅读、表达自我的基础；音乐、美术则是同学们陶冶情操的主要选择。

一个合格的毕业生、求职者，无论打算选择何种职业，宽厚扎实的基础知识积累都是首要的必要条件。

2. 专业知识

大学生走向职场，基础知识是基础，专业知识则应当是特长。对于大部分同学来说，专业知识往往会影响其一生的职业选择。大学之所以开设各种专业，并且越分越细，就是为了向国家和社会输送更多专业知识过硬的人才。当代是一个人才井喷的时代，但也仍然是一个对高精尖人才迫切需求的时代，社会需要大学培养这样的专业人才。

专业知识具有很强的应用性和针对性，也是同学们最容易直接反映出来的能力，同学们对专业知识的掌握程度直接决定自己职业生涯的起点。因此，熟练掌握专业知识并能运用自如是同学们必备的核心能力。

3. 应用知识

应用知识主要是指随着信息技术的发展和计算机的大量应用普及，同学们应当掌握的相关知识技术。无论是计算机还是专业领域会使用到的软硬件，都作为一种工具或载体，成为科学研究和生产实践的基础。没有应用知识的支撑，不可能有很好的工作效率，更不可能在学术研究和实际工作中有所建树。

掌握应用知识，是当今社会和职场对同学们的基本要求之一。

4. 其他知识

现在无论从事何种职业，都对从业者有了更高的要求。从业者不仅要做到基础知识厚，专业知识强，还应当具备知识结构新的特点，也就是说，从业者的知识结构中应以反映当今科学技术发展状况的新知识、新信息为主，并且要在生产、工作中有很强的实用价值。在目前经济全球化的大背景下，合作和共赢是时代的主旋律，因此无论从事何种职业，都不可能只有单一的工作内容或在单一的环境中工作，不可能是以线为主的工作和合作方式。企业员工处在这样的时代背景和经济环境下，必然就要求其不断地与市场打交道，不断面临新的环境，不断需要掌握其他知识，从而完善自身，提高能力。正因如此，往往很多看似和职业不相关的内容都需要掌握，如驾驶、写作、绘画、音乐、体育、公关等，具备这些知识的求职者往往更容易在职场上获得成功。

☑ 案例分析

案例：小王和小吴是2017届研究生，两人所学专业相同，学习成绩、项目经历也相似，但是区别在于小王平时是认认真真地在学习，对于所学知识点总是会反复复习，加深理解，而小吴在学习过程中则有些“偷懒”，考试时只复习考点，做项目时也仅仅针对项目本身去做，对相关知识不怎么重视。在两人同时应聘一家研究所时，简历上的内容并不能真正反映两人的真实实力，通过初次面试也没能把两人在实力上的差距显现出来，因此人力资源部门无法抉择，只能请示上级领导。上级领导在仔细看了两人的简历并认真听取了关于两人的基本情况汇报后，决定亲自进行面试，最终在进一步的交流中，小吴掌握知识不扎实的弱点还是体现了出来，没能抓住这次机会。

案例点评：此案例中，首先小王和小吴两人是同学，基础知识和专业知识所学相差无几。研究所的人力资源部门在筛选简历的时候，看中的是基本条件，两人均符合，但无法通过一次简短的面试考察出他们对知识的掌握程度。因此上级领导通过认真了解情况后，进行了更加深入的面试交流，从而判断出小王对知识的掌握更加扎实，做出录用选择。这个案例说明了，在大学生求职过程中，你所掌握的知识越多越牢，才越有可能占得先机。

阅读小贴士　从本科生课程设置看学生知识培养的侧重面

2017年，电子科技大学本科人才培养方案再次修订，其中“加强通识教育”“尊重个性化选择，强化个性化指导”“加强工程实践与创新能力培养，增强学生工程意识”等几个原则，反映出电子科技大学在本科教学和人才培养方面，牢牢把握国家要求和社会需求的正确方向，是针对提高学生知识储备和提高学生综合素质而对培养方案进行的调整。

课程结构如下：

公共必修课，包括思想政治、军事、体育、外语这些基础知识方面的课程。

通识教育课，包括超过50门可供自选的核心通识课、成电讲坛、成电舞台等系列课程在内的素质教育课。

学科基础课，涵盖数学、物理及其他自然科学类基础课程，奠定学生的专业知识基础。

专业教育课，包括专业核心课和专业选修课在内的进一步提高学生专业知识的课程。

集中实践教学，包括实习实训、课程设计、社会实践、毕业设计等在内的丰富学生应用知识的课程。

多元化教育课程，学生可以任意跨专业、跨学院进行选课，同时还有暑期学校、国际学堂等全校所有可选课程，丰富学生的知识面，促进学生多元化、个性化发展。

（整理自《电子科技大学2017级本科人才培养方案》）

练习题

请对照自己的本专业培养方案，仔细分析所学课程属于哪种课程结构。

◎如何建立合理的知识结构

知识结构是指一个人所掌握的所有知识的构成方式。对于同学们来讲，所学知识不仅要广博精深，同时还应当注意所掌握知识结构的合理性、有序性、整体性和可调性[2]。

当今世界，学科分类越来越细，学科与学科的边界也越来越模糊，学科间的交叉渗透越来越多。一个人永远不可能掌握所有知识，但是同学们需要掌握的知识确实是越来越多。因此，建立合理的知识结构，根据社会需求和自身既定目标去塑造自己和锻炼自己，就显得尤为重要。

那么，同学们该如何建立合理的知识结构呢？

首先，要清楚地知道自己需要掌握什么核心知识，这其中包括宽厚的专业基础知识、宽广的课外知识，以及相关领域知识；其次，要及时地了解和掌握自己专业领域的前沿知识，因为，在信息时代，科学技术突飞猛进，必须不断更新自己的知识才能不被淘汰；最后，要注重提高自身的相关管理能力、交际能力、沟通表达能力和心理素质。只有把自己所掌握的所有知识联系起来，互为支撑，才能更好地发挥它们的作用。

☑ 案例分析

案例：小李是一名研究生，他的梦想是毕业后成为一名专职科研人员。在平时的学习生活中，他除了按照导师的要求认真做事外，还主动阅读了大量看起来和自己所做课题并没有直接关系的文献，以加强自己阅读和筛选信息的能力，同时也愿意花一些时间去了解相关实验方法。他的想法是，专职科研不等于埋头苦读、闭门造车，不仅要学好课题相关的核心专业知识，对于相关领域学科的基本原理和实验方法也一定要了解，这样才能够有足够的知识来支撑自己核心工作的开展。

案例点评：做研究性工作的人，由于工作内容的要求，往往要求具备宝塔型知识结构（下文将解释何为宝塔型知识结构）。因为研究性工作的核心要求是在某一领域有非常强的能力，如果只注重核心专业知识的学习，没有其他相关知识作为支撑，必将无法真正发挥出核心知识的作用，也会导致在研究工作中，遇到瓶颈，无法突破。

阅读小贴士　三种具有代表性的知识结构

目前，比较有代表性的知识结构有三种。

一、宝塔型知识结构

这种知识结构形如宝塔，由基本理论、基础知识、专业知识、学科知识、学科前沿知识构成。基本理论、基础知识为宝塔底部，学科前沿知识为塔顶。这种知识结构的特点是强调基本理论、基础知识的宽厚扎实、专业知识的精深，容易把所具备的知识集中于主攻目标上，有利于迅速接通学科前沿。现今中国高校大多是培养这种知识结构的人才。

二、蜘蛛网型知识结构

蜘蛛网型知识结构是以所学的专业知识为中心，与其他相近专业的、有较大相互作用的知识进行网状连接，形如蜘蛛网。这种知识结构，是以自己的专业知识作为一个“中心点”，与其他相近的、相互作用较大的知识作为网络的“纽结”相互连接，形成一个适应性较强的、能够在较大范围内纵横驰骋的知识网。这种蜘蛛网型知识结构的特点是：知识广度与深度的统一。这种人才的知识结构呈复合型状态。随着社会生产的高速发展，这种知识结构的人才非常受用人单位的欢迎，进入中国的外资机构尤其重视此类人才。如北京经济技术开发区的外资机构在招聘人才时，有的就提出了要各类复合型人才，搞贸易的要有相关国家历史文化方面的基础知识，学工科的要有六级的英语水平。

三、幕帘型知识结构

这种知识结构是指一个具体的社会组织对其组织成员在知识结构上有一个总的要求，而作为该组织的个体成员，依其在组织中所处的层次，在知识结构上又存在一些差异。以一个企业为例，企业对其成员的整体知识结构要求是，具有财会、安全、商业、保险、管理等知识。而对企业中处于不同层次的个人来说，要求掌握上述知识的比例是截然不同的，从而组成各自不同的知识结构。这种知识结构强调个体知识结构与组织整体知识结构的有机结合，它对于求职者的启示是，在求职择业的过程中，不但要注意所选职业类型在整体上对求职者的知识结构的要求，同时还要了解所选职业岗位在社会组织中的位置及具体层次，以此来调整自己的知识结构，增强就业后的适应性。

（资料来源：https://www.doc88.com/p-9367839466772.html）

练习题

请列出自己所掌握的知识，试着画出自己的三种知识结构模型示意图。

☑ 章节回顾

本节从知识本身的属性出发，清晰地阐述了知识的分类、结构及如何去建立合理的知识结构。希望每一位同学，都在做好自己的职业规划的基础上，认真分析自己应当建立怎样的知识结构，需要怎样的知识储备，从而一步一个脚印去积累，去成长。

第二节　能力的准备

◎综合能力

能力是完成一项目标或者任务所体现出来的综合素质，属于心理特征，与实践紧密相连，可以直接影响一个人完成一项任务的效率[3]。对于同学们而言，能力水平决定了你将怎样应用所掌握的知识，达到什么样的效果。因此提升个人的综合能力，对于同学们求职来讲十分重要。一般情况下，我们将综合能力包含的内容归纳为以下几点。

1. 实践能力

实践能力是当前大学生培养中十分注重的能力，它代表着大学生运用所学知识来解决实际问题的效果。任何用人单位在招聘的时候都很看重大学生的实践能力，因为实践能力越强，代表着你越能尽快熟悉公司的工作内容，创造更多的价值。因此提高实践能力，是大学生求职的一个重要砝码。

2. 表达能力

表达能力可以理解为对语言的运用能力。它是人类的基本能力，但是会说话、会写字不等于会表达，学会如何正确高效地阐述自己的观点，才能谈得上会表达。特别是对大学生而言，在求职的时候，表达能力更显重要。让面试官在简短的几分钟之内认识你、了解你，甚至是记住你，需要通过很强的表达能力去实现。

3. 组织、管理能力

众所周知，各大高校都十分注重学生的领导力（即学生的组织、管理能力）培养。一个合格的领导者，能够领导一个团队高效协调运转，用最高的效率创造最大的价值。相反，一个团队的负责人如果缺乏组织、管理能力，那么将会影响整个团队的运行效率，显然，这样的团队是没有竞争力的，难以生存和发展。

4. 社交能力

社交能力很好理解，就是我们的交际能力。很多同学可能认为在求职过程中社交能力不重要，这是个错误的观点，因为对用人单位来说，应聘者的社交能力代表着他能否正确地协调和处理人际交往中的各种问题。职场中的社会关系往往要比校园内的同学关系复杂得多，能否恰当地处理人际关系，直接影响工作的效率和工作的心情。

5. 应变和决策能力

应变能力是指当我们面对外界环境或者事物发生改变的情况时，随之做出的反应。决策能力是指根据既定目标和客观条件，预测未来，决定最优行动方案的能力。对于大学生来讲，在求职过程中，通常面试官所提的问题都会要求应聘者在极其有限的时间内去思考并给出答案。因此大学生应具备的应变能力和决策能力往往是密不可分的。

6. 终身学习能力

我们知道我国正在建立和完善终身教育体系，实际上对所有大学生而言，终身学习能力应当是必备的基本能力。所谓终身学习能力，不仅要求学生在以后的工作中被动地接收新知识，更重要的是学生要学会主动去学习新的知识。终身学习能力包括对信息的寻找、筛选、处理和加工的能力。

☑ 案例分析

案例：某同学表达能力不是很强，平时和陌生人、长辈交流不多，面试时也是一直被动地回答问题，没有展示自己的意愿，准备不够充分，企业问到：你学习成绩怎么样？回答：很好。企业再问：你想在什么地方工作？回答：就到这里工作。企业再问：我们公司会经常加班，做的工作是比较枯燥重复的工作，你如何看待？回答：我可以的，我能够吃苦耐劳。最后，虽然该同学拥有很好的成绩和经历，仍然没有得到企业的认可，面试失败。

案例点评：无论是在生活中，还是在职场中，我们经常都会听到别人这样说："我这个人，笨嘴笨舌，讲不好话。"但他们并不以为这是多大的缺点。其实，这是一个错误的观点。现在的社会是个信息大爆炸的社会，信息的作用越来越大。一般来说，一项工作需要众多员工的合作、多个信息的综合。语言比较普遍、方便，也是最直接的传递方式。表达能力强，双方就能顺利而准确地接收和理解信息，也能顺利地交流；表达能力弱，就不能很好地把信息传递给对方，交流会因此出现中断，甚至终止，进而导致失败。因此，若想在社会上游刃自如，不仅要有新的思想和见解，还要有很好的表达能力。

阅读小贴士　领导力五力模型

一、感召力

感召力是最本色的领导能力，领导学理论中最经典的特质理论研究的核心主题就是感召力。感召力主要来自以下五个方面。

（1）具有坚定的信念和崇高的理想。

（2）具有高尚的人格和高度的自信。

（3）具有代表一个群体、组织、民族、国家或全人类的伦理价值观和臻于完善的修养。

（4）具有超越常人的大智慧和丰富曲折的阅历。

（5）不满足于现状，乐于挑战，对所从事的事业充满激情。

二、前瞻力

前瞻力从本质上讲是一种着眼未来、预测未来和把握未来的能力。具体分析，前瞻力的形成主要与下述因素有关。

（1）领导者和领导团队的领导理念。

（2）组织利益相关者的期望。

（3）组织的核心能力。

（4）组织所在行业的发展规律。

（5）组织所处的宏观环境的发展趋势。

三、影响力

影响力是领导者积极主动地影响被领导者的能力，主要体现在以下几个方面。

（1）领导者对被领导者需求和动机的洞察与把握。

（2）领导者与被领导者之间建立的各种正式与非正式的关系。

（3）领导者平衡各种利益相关者（特别是被领导者）的利益的行为与结果。

（4）领导者与被领导者进行沟通的方式、行为与效果。

（5）领导者拥有的各种能够有效影响被领导者的权力。

四、决断力

决断力是针对战略实施中的各种问题和突发事件而进行快速和有效决策的能力，主要体现在以下几个方面。

（1）掌握和善于利用各种决策理论、决策方法和决策工具。

（2）具备快速和准确评价决策收益的能力。

（3）具备预见、评估、防范和化解风险的意识与能力。

（4）具有实现目标所需要的必不可少的资源。

（5）具备把握和利用最佳决策及其实施时机的能力。

五、控制力

控制力是领导者有效控制组织的发展方向、战略实施过程和成效的能力，一般是通过下述方式来实现的。

（1）确立组织的价值观并使组织的所有成员接受这些价值观。

（2）制定规章制度等并通过法定力量保证组织成员遵守这些规范。

（3）任命和合理使用能够贯彻领导意图的干部来实现组织的分层控制。

（4）建立强大的信息力量以求了解和驾驭局势。

（5）控制和有效解决各种现实的和潜在的冲突，以控制战略实施过程。

（资料来源：https://wiki.mbalib.com/wiki/领导力五力模型）

练习题

当前高校十分重视大学生的综合能力培养，即听、说、读、写等能力的提升，谈谈你的理解。

◎团队精神

当今社会是一个讲求合作共赢的时代，真正能立足社会的，永远都不是那些所谓的“独行侠”和“孤胆英雄”。一个人不管能力有多强，总会存在某些方面的缺点，所以单打独斗必将被社会所淘汰。真正能在社会上成就一番事业的，永远都是那些优秀的团队，是团队精神让1+1远远大于2！为此，我们需要知道，良好的团队精神，究竟有哪些必备要素。

1. 志同道合

俗话说，“道不同不相为谋”，无论什么样的人，合作的基础都必须是志同道合。只有具备共同的理想、共同的信念、共同的目标和相似的价值观的人，才能在共同工作中达成统一的步调，从而将良好的合作关系保持下去。

2. 互相尊重

被尊重是人的一种社会需求，也是一种心理需求，在一个团队中更应互相尊重。尊重他人，可以维护他人的尊严，同时也能换来别人的尊重，只有互相尊重，互相理解，进而促进团队形成融洽气氛，才能为发挥团队战斗力提供保障。

3. 互相信任

信任，是沟通的基础，也是合作的基础。在一个团队中，每个人都有自己的角色，无论是领导与下属之间，还是同事与同事之间，只有互相信任，才能齐心协力，才能做到“心往一处想，劲往一处使”，发挥出集体的力量，达到战无不胜。

4. 互相包容

一个团队的每个成员之间，从某种意义上讲，都应该是荣辱与共、唇齿相依的关系。而在朝夕相处、并肩奋斗的过程中，又难免会有意见不一、产生误会甚至是发生矛盾的时候。在这种情况下，如果总是斤斤计较，那必然会导致矛盾的加重，团队凝聚力和战斗力衰退甚至最终导致团队分崩离析。因此，互相包容的品质非常可贵，它是维护团队和谐的重要基础。

5. 互相谦让

互相谦让不仅仅是团队成员之间的一种礼貌，更应当是一种对待荣誉和诱惑的态度。俗话说，有福同享，有难同当，当荣誉降临的时候，它应当是属于每个成员的，而不应该去争功、抢功。历史上可以共患难却不能同富贵的反面教材，我们已经学过太多了，因此要引以为戒，学会互相谦让，才能做到宠辱不惊，继续取得更大的成就。

☑ 案例分析

案例：大四的小刘性格较为内向，大学期间总是独自努力，虽然他的知识储备和动手能力还不错，但是却缺乏与人合作的经验，团队精神较差。在一次求职过程中的笔试环节，小刘顺利通过并名列前茅，但是在接下来的群面中，小刘却很难和其他人进行合作，只是自顾自地发表自己的观点，完全不听其他人的观点，也不懂得去观察每个人的优点，不懂取长补短、互相合作，最终导致面试失败。

案例点评：小刘缺乏团队精神是导致面试失败的主要原因。如果团队内大家都各自为政，不懂得互相合作、取长补短，那么靠一个人的力量就不能完成团队的任务。缺乏团队合作，最终导致效率低下，出现1+1<2的局面。

阅读小贴士 关于团队合作的寓言：阿基米德

相传，在古希腊时期的塞浦路斯，一座城堡里关着7个小矮人，传说他们是因为受到了可怕咒语的诅咒，才被关到这个与世隔绝的地方。他们住在一间潮湿的地下室里，不能向任何人寻求帮助，没有粮食，没有水。这7个小矮人越来越绝望。

小矮人中，阿基米德是第一个受到守护神雅典娜托梦的。雅典娜告诉他，在这个城堡里，除了他们待的那间房间，其他的25个房间里，有一个房间里有一些蜂蜜和水，够他们生存一段时间，而在另外的24个房间里有石头，其中有240块玫瑰红的灵石，收集到这240块灵石，并把它们排成一个圈的形状，可怕的咒语就会解除，他们就能逃离厄运，重归自己的家园。

第二天，阿基米德迫不及待地把这个梦告诉了其他的6个伙伴。有4个人都不愿意相信，只有爱丽丝和苏格拉底愿意和他一起努力。在开始的几天里，爱丽丝想先去找些木材生火，这样既能取暖又能让房间里有些光线；苏格拉底想先去找那个有食物的房间；阿基米德想快点把240块灵石找齐，好让咒语快点解除，3个人无法统一意见，于是决定各找各的，但几天下来，3个人都没有成果，反而耗得筋疲力尽，更让其他的4个人取笑不已。

但是3个人没有放弃，失败让他们意识到应该团结起来。他们决定，先找火种，再找吃的，最后大家一起找灵石。这是个很好的方法，3个人很快就在左边第二个房间里找到了大量的蜂蜜和水。

在经过了几天的饥饿之后，他们狼吞虎咽了一番，然后带了许多蜂蜜和水分给特洛伊、安吉拉、亚里士多德和梅里莎。温饱的希望改变了其他4个人的想法，他们后悔自己开始时的愚蠢，并主动要求和阿基米德他们一起寻找灵石，解除那可恨的咒语。

为了提高效率，阿基米德决定7个人兵分两路：原来的3个人继续从左边找，而特洛伊等4人则从右边找。但问题很快就出来了，由于特洛伊等4人前几天一直都坐在原地，根本没有任何的方向感，城堡对他们来说就像个迷宫，所以他们寻找时几乎就是在原地打转。阿基米德果断地重新分配：爱丽丝和苏格拉底各带一人，阿基米德带剩余的两人，用自己的诀窍和经验指导他们慢慢地熟悉城堡。提高效率，尽快完成团队的目标是任何一个团队所追求的。知识是生产力，是提高效率的重要手段。而经验是知识的有机组成部分，也可以通过有意识的学习获得。

当然事情并不像想象中那么顺利，先是苏格拉底和特洛伊那组，他们总是嫌其他两个组太慢。后来，当过花农的梅里莎发现，大家找来的石头里大部分都不是玫瑰红的灵石。最后，由于对地形不熟，大家经常日复一日地在同一个房间里找石头。大家的信心又开始慢慢丧失。

阿基米德非常着急。这天傍晚，他把其他6个人都召集在一起商量办法。可是，交流会刚刚开始，就变成了相互指责的批判会。

性子急的苏格拉底先开口："你们怎么回事，一天只能找到两三个有石头的房间？"

"那么多的房间，门上又没有写哪个有石头，哪个没有石头，当然会找很长时间了！"爱丽丝答。

"难道你们没有注意到，门锁是圆孔的都是没有石头的，门锁是十字型的都是有石头的吗？"苏格拉底反问。

"干吗不早说？害得我们做了那么多的无用功。"其他人听到这儿，似乎有点生气地说。经过交流，大家才发现，原来他们有些人可以很快找准房间，但在房间里找到的石头都是错的；而那些找石头非常准的人，往往又速度太慢。他们完全可以将找得快的人和找得准的人组合起来。

于是，这7个小矮人进行了重新组合。在爱丽丝的提议下，大家决定开一次交流会，交流经验和窍门。然后把很有用的那些经验都抄在能照到亮光的墙上，提醒大家，省得再去走弯路。

在7个人的通力协作下，他们终于找齐了所有的240块灵石，但就在这时苏格拉底停止了呼吸。大家震惊和恐惧之余，火种突然又灭了。没有火种，就没有光线；没有光线，大家就根本没有办法把石头排成一个圈。

本以为是件简单的事，大家都纷纷地来帮忙生火，哪知道，6个人费了半天的劲，还是无法生火——以前生火的事都是苏格拉底干的。寒冷、黑暗和恐惧再一次向小矮人们袭来。灰暗的情绪波及了每一个人，阿基米德非常后悔当初没有向苏格拉底学习生火。

在神灵的眷顾下，最终火还是被生起来了。小矮人们胜利了。通过对团队的有效管理，团队的目标终将实现。

（资料来源：http://www.sohu.com/a/253468299_100267654）

练习题

假如你是一个科研项目的负责人，要从公司挑选5人组建一个项目团队，你会挑选几个什么样的人？你是怎样考虑的？

◎情商和逆商

1. 情商

情商，又叫“情感智力”，是与智商概念相对应的概念，可以简单地理解为一个人为人处世的能力，它包括五个维度的内容[4]：一是认识自身的情绪。古希腊有句名言是“认识你自己”，认识自己是一切自身活动的基础。二是能妥善管理自己的情绪。能够认识到自己的情绪，还要有管理调节自己情绪的能力。三是自我激励。在人生遭遇挫折和低谷的时候，能够鼓励自己走出困境。四是认知他人的情绪。与他人沟通的时候，能够敏锐察觉别人的情绪变化，从而促进沟通。五是人际关系的管理。在人际交往中能够良好地处理自己的人际关系。

美国有关学者曾做过研究调查，得出一个结论：在人生事业成功要素中，智商占20%左右，而情商占80%左右。良好的智力水平是有效学习和获得知识的基础，但是对于绝大部分人来讲，智商的差距并不是很大；而良好的情商水平，可以使人在实际工作中，在人才选拔及晋升中，从激烈的竞争中脱颖而出。情商高的人，春风得意，步步高升。情商低的人，怀才不遇，难获提升。由此可见，在人的社会属性中，情商对个人的发展很多时候起到了决定性作用。

2. 逆商

逆商全称为逆境商数，从字面意思就可以看出它是指当一个人遇到挫折时，在逆境中应对失败、摆脱困难和超越困难的能力。逆商这个概念很大程度上和情商是紧密联系在一起的，它是人在学习和事业中能够取得成功的重要因素。

在高校，有很多大学生因为要承受来自环境改变的压力、来自亲人师长的期待、来自学业的压力等，加之人生经验和阅历的不足，经常会出现因为一件事情的挫败而引起一系列连锁反应，从此一蹶不振的案例。因此，近年来高校也越来越重视大学生的逆商培养，促进大学生形成良好的思维方式，提高大学生的受挫能力，从而增加大学生步入社会以后提高自身竞争力的砝码[5]。

☑ 案例分析

案例：在应届毕业生的求职过程中，一开始就“碰壁”是一个司空见惯的现象，也是社会为这些即将步入职场的天之骄子上的第一课。小玲是一名名牌大学的应届硕士毕业生，翻开她的简历，你会发现，她可以算得上是真正的“学霸”，从中学到大学，一直以来成绩都是名列前茅，大学期间还担任过班长、学生会副主席等重要的学生干部职务，本科毕业时也理所当然地被保送攻读研究生。在研三面临毕业找工作的时候，信心满满的小玲将目标瞄准那些名企，然而几份简历投出去之后，却没有像预想的那样很快收到消息，投出的简历仿佛石沉大海一般。一向骄傲的她又不好意思打电话给公司问原因，只是觉得自己受到了打击，之后的一个多月里，她都把自己关在屋子里，除了导师安排的重要事情外，其他一概不理，也没有再去参加招聘会，整个人也消沉了许多。

案例点评：小玲的案例其实在大学中很常见，很多品学兼优的学生，一路上来都是天之骄子，可以说是一帆风顺。但是对于青少年来讲，如果太过顺利，有时候不一定是好事，就像是温室里的花朵，很难经历风雨。小玲就是比较典型的缺乏抗挫折能力，由此可见，在大学中，对学生进行逆商方面的能力锻炼，是非常有必要的。只有经历过挫折并且战胜挫折的人生，才能发出更耀眼的光芒。

阅读小贴士　影响一生的12项情商能力

一、情绪管理

丹尼尔·戈尔曼在他的《情绪智商》中指出，情绪管理是一种善于掌握自我，善于调节情绪，能正确地看待和处理生活中出现的矛盾和事件引起的反应，常以积极、幽默的心态缓解不良情绪带来的紧张、焦躁等的心理。

二、人际关系

人际关系是人们在多种多样的日常活动中形成的社会关系，对于孩子来说，合理协调亲属关系、朋友关系、同学关系、师生关系对他们的未来将会产生巨大的影响。

三、解决问题

当问题出现时，人们会按照既定的目标，运用平时学得的知识、经验、技能等，通过思维的不停运转，解决问题。

四、同理心

同理心还可以称为换位思考、神入、共情，是指站在对方的立场上设身处地思考，能够体会他人的情绪和想法、理解他人的立场和感受。

五、挫折抵抗力

挫折抵抗力在一个孩子的一生中至关重要，抵抗挫折首先表现为在面对失败等不如意的事情时能经得起打击和压力，并努力摆脱困境。总的来说就是个体适应挫折、抵抗和应对挫折的一种能力。

六、感恩

感恩的孩子，会珍惜自己得到的一切，同时感激别人为自己所做的一切。

七、独立性

独立性强调的是孩子在自己力所能及的活动中表现出来的不依赖性，具有独立性的孩子善于自我决策，当他们遇到问题时能够独立地寻找解决问题的方法并采取有效措施解决问题，这样的个性品质是孩子自强自立的外在表现。

八、自信心

在心理学中，与自信心最接近的是班杜拉在社会学习理论中提出的自我效能感的概念。自我效能感指个体对自身成功应付特定情境的能力的估价。班杜拉认为，自我效能感关心的不是某人具有什么技能，而是个体用其拥有的技能能够做些什么。

九、专注力

专注力，又称注意力，指一个人专心于某一事物或活动时的心理状态。人的注意力，受多方面因素的影响，缺乏专注力会直接影响到孩子的学习能力。

十、责任心

责任心是指个人对自己和他人、对家庭和集体、对国家和社会所负责任的认识、情感和信念，以及与之相应的遵守规范、承担责任和履行义务的自觉态度。它是一个孩子自小就应该具备的基本素养，是健全人格的基础，是家庭和睦、社会安定的保障。

十一、创造力

创造力，是人类特有的一种综合性本领，也是成功地完成某种创造性活动所必需的心理品质。它是由知识、智力、能力及优良的个性品质等复杂多因素综合优化构成的。创造力强的孩子思维敏捷，有善于观察和发现新鲜事物的能力。

十二、领导力

领导能力简称领导力，是号令组织成员行动与全力以赴的技能，是能够让别人心甘情愿地完成目标的能力。这种能力是影响力，而非操纵力、控制力。任何人都可以使用领导力，只要你能产生有效的影响力，你就可能是领导。

（资料来源：《意林》2016年第15期）

练习题

假如你认真地学习了一门课程，但是期末考试成绩比自己预想的低，恰好你在学习这门课的时候，有一次出于特殊原因没能上课，被任课老师点了名（只有一次），那么你会怎么做呢？

☑ 章节回顾

本节所述的能力，既是当代大学生应当具备的基本能力，也是职场必备的能力。无论是“听说读写”的综合能力，还是团队精神、情商和逆商，在经济全球化的大时代背景下，在合作与发展的时代潮流中，其价值无疑会得到进一步放大。当代大学生应当具备这样的能力，是时代的要求，也是必备的生存技能。

第三节　职业素质

◎职业素质的构成

职业素质是指求职者或从业人员对社会职业的了解与适应能力的一种综合体现。从大的板块结构来看，职业素质可以分为能力素质、健康素质、理念素质和人格素质四大要素。而每一个要素又包含了若干个子要素。每个人所具备的要素特点不同，也就构成了各具特色的职业素质。对于当代大学生而言，成功的必要条件之一就是要具备各种素质，并且有合理的结构组合。

能力素质是求职者的核心专业素质，它包含知识、智力、创新能力、社会适应能力及其他特殊能力；健康素质则是任何求职者都必备的基础素质，包括身体健康和心理健康，俗话说，“身体是革命的本钱”，有了良好的身心健康，就有了一切其他素质的载体。这两项素质是求职者在求职过程中竞争实力的体现，也是用人单位在第一时间可以看得到的职业素质，如体检报告、学历、专业技术证书、各类资格证书等。

理念素质是指求职者所具备的职业道德、责任心、工作态度和思想政治水平；人格素质是指求职者的性格、情感特征和兴趣爱好等方面的素质。这些素质并不能通过一份简历和一次简单的面试体现出来，更多时候是在工作过程中和客观条件影响下，逐渐体现或形成的，因此可以归结为发展潜力素质。一个人在职场中，具备了良好的发展潜力素质，才能不断适应新的要求，从而保持竞争力[6]。

可见，良好的职业素质是获得成功的必备条件，上述四大要素的任何一个子要素都不容忽视，当代大学生必须全面发展，提高自己的职业素质。

☑ 案例分析

案例：小李今年26岁，是一名刚刚拿到某世界五百强IT公司录用通知的准硕士毕业生。他平时学习非常刻苦，从本科开始，就养成了熬夜的习惯，常常在实验室、自习室一待就是一整晚。由于学业和科研压力过大，小李的饮食和作息严重不规律，而且过度依赖咖啡、红牛等提神饮料来维持学习精力。结果本该意气风发，开启人生新篇章的他，却在入职前由于心血管病突发躺在医院的重症监护病房里，病情危急，随时都有失去生命的可能。

案例点评：小李同学的经历让人扼腕。据调查，近年来许多重疾，包括肿瘤、癌症等都有年轻化、校园化的趋势，媒体不时曝光的过劳死新闻也越来越引起社会的关注。小李同学的刻苦努力虽然值得赞赏，但对于因此牺牲休息与锻炼的时间，完全忽略身体健康的做法，非常不提倡。在面对繁重的学业和科研压力时，规律的作息、适当的体育锻炼，不仅有助于增强体质，还能缓解压力、放松心情、提高精神的专注力，从而提高学习和工作效率。

阅读小贴士　如何具备基本职业素养?

一、有明确的目标

不管是在工作前还是在工作后都要有一个自己的目标，小目标也好，大目标也罢，只要有使自己向前的动力就行，在求职时很多面试官都会问你的职业规划是什么，这是大目标，工作后每周的计划，就是小目标。

二、要有时间观念

在工作的时候，最重要的就是要有时间观念，上班不要迟到，下班不要早退，在一小时里面就要干一小时的工作甚至更多，工作中不要拖拉。这样的好习惯对于自己的发展有很大的好处。

三、要有团队意识

不管是哪家公司，都会有一个团队，小团队也好，大团队也罢，自己绝对不能独立出来，要时刻想着自己是这团队的一部分，干什么事情都要有团队意识，要为整个团队考虑。

四、有互助精神

不管在工作中还是生活中都要有互助精神，邻里之间、朋友之间、同事之间，不管是谁遇到困难，都要尽量地去帮忙，因为你帮助别人，别人才有可能去帮助你，只有你先付出了，才有可能得到回报。

五、学会交流

在工作中一定要懂得如何去交流，不要自己一头闷着去干自己的工作而不与别人交流，在工作中遇到了什么问题或者遇到了什么有趣的事情都可以拿来与同事交流，这样还能增强与同事之间的关系。

六、有创新观念

发展源于创新，要想有发展就要有创新的头脑和思维，很多东西都是需要创新的，有创新才会有发展，才会有未来，为了自己能更好地发展，一定要具有创新的观念。

七、养成不断学习的精神

俗话说，活到老学到老，要养成不断学习的精神，就像大自然在随时变化着一样，各种各样的事情也都在变化着，需要自己不断地学习才能跟得上时代不断变化的潮流。

（资料来源：https://jingyan.baidu.com/article/fedf0737b61b6935ac8977da.html）

练习题

请在网上搜索迈尔斯布里格斯类型指标（Myers-Briggs Type Indicator, MBTI）测试并认真完成，然后结合自己所学专业对结果进行分析。

◎企业看中的职业素质

用人单位在管理实践中都形成了自己的用人理念，了解企业看中应届毕业生哪些素质有非常重要的参考价值。刘俊彦在“百家著名企业用人标准研究”一文中经过大量的调查研究，总结出企业用人要素（表5-1），以及企业对应聘者的各种能力、特征的重视程度（表5-2）[7]。

表5-1　“百家著名企业用人标准研究”用人要素统计表

序号	用人要素	提及企业数	占总企业比例
1	综合素质	46	46%
2	团队精神	36	36%
3	专业能力和专业背景	32	32%
4	创新能力	25	25%
5	适应公司文化的能力	23	23%
6	发展潜力	21	21%
7	外语（英语）能力	20	20%
8	社会实践能力与经验	18	18%
9	学习能力	17	17%
10	沟通能力	14	14%
11	品德	13	13%
12	责任意识	11	11%
13	诚信	11	11%

注：仅列出前13项要素。

表5-2　企业对应聘者的各种能力、特征的重视程度

应聘者的能力及特征	看重该项的企业数	普遍重视程度
创新能力	30	100.0%
沟通表达能力	30	100.0%
团队精神	30	100.0%
忠诚度	30	100.0%
工作兴趣	29	96.7%
健康状况	29	96.7%
外语能力	29	96.7%
工作经验	28	93.3%
计算机操作能力	28	93.3%
个人信用	27	90.0%
性格特征	25	83.3%
专业能力	21	70.0%

注：仅列出前12项能力、特征。

通过对表5-1和表5-2的综合分析可以看出，创新能力、团队精神、沟通表达能力及专业能力是用人单位最为看重的四种素质。这四种素质代表了两个大的方面，其中创新能力和专业能力属于智力型素质（智商），团队精神和沟通表达能力属于情感型素质（情商）。越来越多的用人单位通过对应聘者进行综合考察来决定取舍。研究发现，认同企业文化、适应企业要求是企业重要的选人标准。

☑ 案例分析

案例：小李在上大学后沿袭高中的学习模式，把课余时间全用在学习上，成绩一直名列前茅。同时，他怕影响自己的学习，很少参加学校的活动，也没有参加过实习。在毕业求职面试时，小李的表现很差，除了专业知识扎实外，他缺乏常识，对于面试官的问题往往表现出茫然和疑惑，沟通很不顺利，往往越急越表达不清楚，几次面试都被拒绝之后，他也逐渐丧失了信心，因此迟迟未能找到工作。

案例点评：小李的案例并非个例，一些同学在上大学后只专注于学习，认为学习之外的事情都会“浪费时间”，而忽视了在大学期间对个人综合素质的培养，这导致他们人际沟通与交流能力薄弱。如果小李在保证自己专业学习的基础上，能多参与一些学校活动和社会实践，有意识地增强个人交流与沟通能力，提升综合素养，成绩优异的他或许就不会迟迟找不到工作了。因此，大学学业成绩虽然非常重要，但也不能将它等同于大学的全部。

阅读小贴士　胜任素质简介

胜任素质又称能力素质，是从组织战略发展的需要出发，以强化竞争力、提高实际业绩为目标的一种独特的人力资源管理的思维方式、工作方法、操作流程。著名的心理学家、哈佛大学教授麦克里兰（McClelland）博士是国际上公认的胜任素质方法的创始人。

胜任素质的应用起源于20世纪50年代初。当时，美国国务院感到以智力因素为基础选拔外交官的效果不理想。许多表面上很优秀的人才，在实际工作中的表现却令人非常失望。在这种情况下，麦克里兰博士应邀帮助美国国务院设计一种能够有效地预测实际工作业绩的人员选拔方法。在项目过程中，麦克里兰博士应用了奠定胜任素质方法基础的一些关键性的理论和技术。例如：抛弃对人才条件的预设前提，从第一手材料出发，通过对工作表现优秀与一般的外交官的具体行为特征的比较分析，识别能够真正区分工作业绩的个人条件。

1973年，麦克里兰博士在《美国心理学家》杂志上发表了一篇文章：*Testing for competency rather than intelligence*。在文章中，他引用大量的研究发现，说明滥用智力测验来判断个人能力的不合理性，并进一步说明人们主观上认为能够决定工作成绩的一些人格、智力、价值观等方面的因素，在现实中并没有表现出预期的效果。因此，他强调离开被实践证明无法成立的理论假设和主观判断，回归现实，从第一手材料入手，直接发掘那些能真正影响工作业绩的个人条件和行为特征，为提高组织效率和促进个人事业成功做出实质性的贡献。他把发现的直接影响工作业绩的个人条件和行为特征称为胜任素质。这篇文章的发表，标志着胜任素质运动的开端。

20世纪70年代初期，麦克里兰博士在美国波士顿创立MCBER公司，为企业、政府机构和其他的专业组织提供胜任素质在人力资源管理方面的应用服务。在他的指导下，MCBER成为国际公认的胜任素质方法应用的权威机构。在各方面的努力下，胜任素质方法在人力资源管理中的优势逐渐被大家认可，在国际上，特别是在先进企业中得到普遍接受和广泛运用。一个企业运用胜任素质方法进行人力资源管理，首先要确定什么是某类工作岗位所需要的胜任素质。确定胜任素质的过程需要遵循两条基本原则：①能否显著地区分工作业绩，是判断一项胜任素质的唯一标准，也就是说，在实际工作中，表现优秀与表现一般的员工必须在所确认的胜任素质上有明显的、可以客观衡量的差别；②判断一项胜任素质能否区分工作业绩必须以客观数据为依据。任何主观判断、理论假设和过去的经验必须有客观数据的支持才能成立。在确定胜任素质后，企业还需要建立能客观衡量个人胜任素质水平的测评系统。同样，测评系统的有效性也必须经过客观数据的检验。测评的结果必须能显著地区分工作业绩，并在此基础上，设计胜任素质在各种人力资源管理工作中的应用。

胜任素质方法的应用是一项系统性的工作。它涉及人力资源管理的各个方面。许多著名企业的使用结果表明，这种方法可以显著地提高人力资源的质量，强化组织的竞争力，促进企业发展目标的实现。

20世纪中后期，哈佛大学的麦克里兰教授的研究成果，使人们看到现代人力资源管理理论新的曙光，为企业人力资源管理的实践提供了一个全新的视角和一种更有利的工具，即对人员进行全面系统的研究，从外显特征到内隐特征综合评价的胜任特征分析法。这种方法不仅能够满足现代人力资源管理的要求，构建起某种岗位的胜任特征模型（competency model），对于人员担任某种工作所应具备的胜任特征及其组合结构有明确的说明，也能成为从外显到内隐特征进行人员素质测评的重要尺度和依据，从而为实现人力资源的合理配置，提供了科学的前提。

岗位胜任特征是指根据岗位的工作要求，确保该岗位的人员能够顺利完成该岗位工作的个人特征结构，它可以是动机、特质、自我形象、态度或价值观、某领域知识、认知或行为技能，且能显著区分优秀与一般绩效的个体特征的综合表现。

（资料来源：http://wiki.mbalib.com/胜任素质模型/1511522?fr=aladdin）

练习题

结合所学专业，说说与你的专业对口的知名企业有哪些（1 ~ 3个即可），你认为这些企业最看重的职业素质是什么？

◎个人应具备的核心素质

大学生所学专业千差万别，用人单位也涵盖了各行各业，有成千上万种不同职责的岗位。除了每个行业、企业对岗位本身、对工作内容的特定的专业知识素质要求外，一般来讲，大学生还应该具备以下核心素质[8]。

1. 高尚的人生理想和爱国情操

社会主义现代化的建设离不开各行各业的蓬勃发展，中华民族的伟大复兴更需要几代人的不懈奋斗。只有具备坚定的理想信念和爱国热情，愿意为祖国和人民奉献青春力量的大学生，才是国家和社会真正需要的栋梁之材。

2. 坚韧不拔的毅力

“有志者，事竟成”，就是告诉我们，坚韧不拔的意志力是成功的必备条件。常立志不如立长志，有的同学经常立志，今天想做科学家，明天又想创业，后天又想考公务员，到头来什么事情都没干成。只有具备坚韧毅力的人，才能在工作岗位中迎难而上，做出持久的贡献，成为企业中的中流砥柱。

3. 勤奋踏实，吃苦耐劳的品格

任何职业，都需要勤奋踏实、吃苦耐劳的人。这些优秀的品格，既是中华民族的传统美德，又是当代社会主义核心价值观的要求。在职场中，具备这些优秀品格是受到重视，充分发挥自己的聪明才智和工作能力的基础。

4. 良好的思维判断能力

一个合格的大学生，或者说一个优秀的职场人员，必须具备良好的思维判断能力，掌握辩证唯物主义的思维方法，善于运用科学方法和科学手段，坚持终身学习，不断更新知识、夯实理论功底、构建广博而精深的知识结构，养成比较全面的科学文化素质。有了这样的基础，才能形成较强的对各类信息进行分析、加工、概括和综合的能力，从而进行判断，做出抉择。

5. 创新精神

创新精神一直以来都是企业十分重视的核心素质。可以说，创新是人类社会发展和世界进步的原动力。同时，也只有拥有创新精神的国家、企业和团队，才能获得永不枯竭的生命力，取得源源不断的进步。对于大学生，创新精神意味着你能够在工作中，主动去探索和追求，充分激发自己的才智，利用好自己所掌握的知识，创造更大的价值。

☑ 案例分析

案例：小柳就读于一所非重点大学的机械制造专业。就业季，在别的同学还奔波于各个招聘会时，她已经如愿地收到三家意向单位的录取函，并最终顺利签约。翻开她的履历表可以看到：专业成绩年级排名前15%，英语六级，雅思6分，获国家级竞赛二等奖，发表过散文。探寻她的成功秘诀，小柳说，这得益于从大一开始就给自己定下并实现的一个个小目标：大一时通过了英语四级考试；大二更进一步，拿到了英语六级证书；大二下学期，就在别的同学报考计算机二级时，她选择了报考计算机三级（数据库技术），并顺利拿到了证书；课余时间，她坚持写作，是校园某杂志社的负责人；此外，她还积极参加了演讲比赛、论文比赛，锻炼自己的口才和应变能力；大三暑假在老师的推荐下，参加了某公司的生产实习；大三暑假结束，她从图书馆和网上查阅了大量资料，对照用人单位的需求和自己所具备的条件，认真制作个人简历，同时学习了很多面试技巧，借鉴了许多他人的成功经验。

案例点评：小柳同学的成功正如她自己所说的，得益于一步一个脚印的努力。正是因为她充分了解了行业所需，又肯踏踏实实去提高自己，做到了专业素质过硬、综合素质突出，所以她虽然没有名牌大学的先天优势，但靠着自己有目标、有计划的不懈努力，最终成为具有核心竞争力的人才。

阅读小贴士　如何制作一份凸显自己特征的合格简历？

一、求职简历内容必须真实

不管是简历的哪个环节，哪怕是一个细小的部分，在书写相关内容时，都要遵循真实的原则。在招聘过程中，一旦被用人单位发现你的简历有造假的现象，应聘者的人品道德也就会遭到质疑，这个应聘者也注定无法找到优秀的雇主。

二、目标一定要明确

尤其是在申请大公司的职位时，一定要在简历最醒目处，表述清楚自己希望工作的“目标城市”“目标部门”以及“目标岗位”。特别要重视自己理想的职位是什么，然后从专业、技能、经验、兴趣等方面简单分析你的目标职位的由来，绝对忌讳眉毛胡子一把抓，而这种对自己职位没有明确目标的求职者，也是最容易被淘汰的对象。

三、简单但要厚实

简单的意思是，千万不要把简历写上五六页，一般人力资源部门负责第一轮简历筛选的人，根本没有那么多的精力看。据西门子公司负责校园招聘的孙老师介绍，一般在第一轮简历筛选时，平均来讲，看一份简历最多只有30～40秒的时间，所以页数太多的简历很容易招人烦。建议简历页数最好控制在一两页内，最多不要超过三页。

一份“一目了然”的简历，一定是把应聘者最大的特点放在简历最突出的位置，千万不能让筛选简历的人从简历中总结、提炼你的特点。

厚实是指简历内容要丰富，传递的信息量必须大。要把自己的教育背景、工作经验、能力优势都一一表达清楚。

四、采用倒叙方法

很多人在写简历时，喜欢从过去讲到现在。标准简历建议最好采用倒叙方法来写，直接从最近的时间入手，让简历筛选者更容易获得重要的信息。必要时，一些重要信息可以重点处理，但千万不要处理得太花哨，便于阅读是最主要的原则。

五、不写所有经验

你所参加的实践、项目以及自己写的论文等最好不要全部写出来，只需要描述与自己现在应聘的职位要求相关的经验、经历就可以了。用这些经验证明你有能力做好自己的目标工作，能胜任自己的目标岗位。

六、不同公司简历不同

公司不相同，文化自然有差异。应聘者千万要记住：应聘不同的企业，一定要用不同的简历。这并不是主张应聘者简单地变更一下原来的简历就可以，而是建议应聘者必须结合要应聘的企业，重新写自己的简历。

七、不必附加证书

对于在第一轮递简历时就附加很多证书的现象，专家提醒说，千万不要这样做，也不需要这样做。最好的做法是：在用人单位通知你参加笔试、面试时，再提交你那些与申请职位相关联的证书，而且必须是如实提供相关证书。

（资料来源：http://wenku.baidu.com/view/52335c811b37f111f18583d049649b6648d709c6.html）

练习题

（1）假如你是人力资源主管，你在筛选求职者简历的时候会重视哪些信息？

（2）请认真思考，并制作一份自己的求职简历。

☑ 章节回顾

本节介绍了职业素质的构成，并从企业看中的职业素质和个人应具备的核心素质两个方面做了分析，对于大学生了解行业，剖析自己的优缺点有较为现实的指导意义。希望同学们能够认真学习，特别是结合所学专业和自己的理想目标去有针对性地学习，从而提高自己的竞争力。

☑ 参考文献

[1] 胡鹤玖．略论大学生的知识积累［J］．安徽农业大学学报（社会科学版），2001，10（1）：82-83．

[2] 许惠英．浅谈教学活动系统的结构［J］．课程·教材·教法，2001，（10）：19-23．

[3] 高柯．创新基础知识八提升创新能力：让现实与理想更接近［J］．华东科技，2010，（12）：36-40．

[4] 杜林致，张旭翔．大学生职业规划与拓展［M］．南京：河海大学出版社，2005．

[5] 张锐．加强大学生情商和逆商教育［J］．青年与社会，2013，（10）：50．

[6] 王雯．大学生职业素质培养［M］．昆明：云南大学出版社，2010．

[7] 刘俊彦．用人单位看重什么——百家知名企业选人标准研究报告［J］．中国青年研究，2004，（10）：89-99．

[8] 郭训武．大学生就业与创业教程［M］．北京：中国人民大学出版社，2007．

第六章　择己所爱，职业加码

☑ 本章导读

第五章里我们和大家分享了进入职场所必需的硬实力，这些硬实力包括知识、能力以及职业素质。硬实力是我们进入职场的敲门砖，可要想顺利游走在职场，最终成为人生赢家，还需要我们有意识地修炼职场竞争的软实力。软实力包括良好的职业道德、合理的职业价值观与职业态度以及健康的职业心态。

☑ 典型案例

案例1：小杨是计算机专业大三的学生，打算毕业就工作。他在大学期间刻苦努力地学习，成绩综合排名在前20%，大二赴美参加暑期交换生实践项目，课余时间还参加过“互联网+”程序设计大赛并取得了省三等奖的成绩。当他准备好简历开始求职时，他获得用人单位好评，同时拿到3家单位的录用通知，这时他面临选择：该选薪水最高的，还是选离家近可以照顾爸妈的？是选经常需要出差去做项目的，还是选相对稳定但可以自己独立带研发团队的？小杨陷入纠结，不知道该何去何从。

案例2：小林是刚离开校园的职场小白，最近过得很郁闷。小林是外语专业毕业的，毕业时取得了英语专业八级证书，成功签约一家知名外企的行政助理。她工作了一个多月的时间，每天要处理许多繁杂事务，除了公司的文档材料翻译、整理外，还需要在接待时端茶倒水。小林跟同事抱怨，认为公司对自己大材小用，结果不仅没有得到同事的支持，同事还认为其工作态度不端正，太过自我。

对于即将走向职场或初入职场的同学来说，也有可能遇到像以上两位同学的困境。这些问题不是简单的对于一件工作我们会不会做、有没有能力完成的问题，而是职业价值和职业心态思想层面的问题，接下来本章就为大家解读职业发展中的那些不得不说的软实力。

第一节 职业道德

我们常听到在职场里有一种声音说“我们要坚守自己的职业道德”，或对某人有评价说“他是个有职业道德的人”。那么，什么是职业道德，它对我们的职业生涯发展有什么作用？终将走进职场的大学生朋友，你希望自己是那个被人称赞，有职业道德的他或她吗？

◎职业道德的内容与作用

职业道德是职业活动自身的一种必要的生存与发展条件。它指的是人们在进行职业活动过程中，一切符合职业要求的心理意识、行为准则和行为规范的总和。没有相应的道德规范，职业就不可能真正担负起它的社会职能，身为职场的一分子，具有良好的职业道德是职场成功的必备条件。

首先，每种职业都意味着要承担一定的社会责任，即职责。如完成岗位任务的责任，承担责权范围内的社会后果的责任等。从业人员的职业责任的完成，可以通过具有一定权威的政策、法令或规章制度来维持正常的职业活动和职业程序，强制人们按一定规定办事，更有效地是通过内在的职业信念、职业道德情感来操作。当自己以认真的态度来对待和履行自己的职业责任时，就使职业责任具有了道德意义，成为职业道德责任。

其次，每种职业都意味着享有一定的社会权力，即职权。职权不论大小都来自社会，是社会整体和公共权力的一部分，如何承担和行使职业权力，守住底线，考量的就是从业者的职业道德。

最后，每种职业都体现和处理着一定的利益关系。工作既是个人的谋生手段，也是实现个人价值和创造社会价值的主渠道。如何处理好其中的关系，不仅是职业的责任和权力之所在，也是职业内在的道德内容。

◎职业道德的构成要素

职业道德作为一个相对独立的规范体系，是由以下几方面要素构成的。

（1）职业理想。职业理想是指人们对未来具体职业的选择、向往以及要达到的成就的向往。职业理想也是一种社会理想在职业选择和职业实践中的具体体现。

（2）职业纪律。职业纪律是一种以规章、制度、条例等形式来维持职业活动的正常秩序，调节职业活动各种现实关系的行为准则。职业纪律的效能介于法律和道德之间，它的表现形式具有职业道德的一般特点。在人们的职业道德修养水平发展不平衡的情况下，纪律具有不可或缺的作用。

（3）职业良心。职业良心是指人们在职业实践中形成的内心尺度或内心天平，其表现为从业者在职业活动中能够自觉地以这种衡量尺度来衡量和校正自己的行为。良心是心灵圣殿中的道德统帅，它使人们行为正直、思想高洁、生活幸福。只有在良心的强烈驱使下，一个人崇高而正直的品质才能得以弘扬。

（4）职业荣誉。职业荣誉，是人们对职业行为的社会价值所做出的公认的客观评价和正确的主观认识。职业荣誉具有两层含义：一方面是指一定的社会和职业对从业人员在职业活动中所做出的贡献或积极影响给予褒奖；另一方面是从业人员对自己的职业活动所具有的社会价值的自我意识。在现实中，职业荣誉的这两个方面具有互补效应，社会褒奖对从业人员的行为起示范导向作用，自我意识对从业人员的行为起支撑和激励作用。

（5）职业作风。职业作风是从业人员在职业实践中表现出来的习以为常的行为特色。职业作风是职业道德丰富内涵的外在表现，能给人以直观的印象，因而也会产生不可低估的社会影响。

这些要素从不同侧面反映了职业道德的特殊本质，这里主要对普适的职业道德标准给同学们做介绍和梳理，对于各专业和行业特殊的职业准则和规范要求不在这里赘述。同学们可以通过上述内容充实自己，塑造适合自身成长和发展的职业道德体系。

◎职业道德与大学生违约

在同学们即将走出校门、踏入社会时，已然开始了对职业道德的考验。这里要探讨的话题是关于大学生的违约问题。同学们在职业选择时是否草率决定又轻易违约？是否考虑过违约会带来一些不利影响？是否想过随意违约恰恰反映了一个人的职业道德素养的缺乏？

1. 大学生违约的现状

正常合理的违约行为是市场经济条件下，人力资源正常流动的现象。有些违约是用人单位信息虚假或者与宣传不符所造成的，是毕业生保护自我权益的合理方式。可近年来，毕业生违约现象呈逐年上升趋势。根据有关调查，有30%以上的学生曾经毁约，这种签订了就业协议又毁约的现象已经不再是个别现象，成了毕业生、用人单位和学校在就业工作中的一个普遍问题[1]。当前学生的违约现象主要有以下几类。

（1）学生多次签约，骑驴找马。许多毕业生在就业过程中，想要争取到更多的机会，往往会面试很多家单位，收到多家单位的录用通知；为了使自己就业不会落空，通常会与多家单位签订就业协议，选择其中一家就业，这样就对其他用人单位造成了违约，影响了其他用人单位的招聘计划。

（2）学生过早签约。近年来大学生的就业压力越来越大，为了找到工作，很多学生大三下学期就开始忙于求职应聘，一旦有用人单位愿意录用，就马上签约，但在签约过后又遇到更心仪的单位，立即选择违约。

（3）学生草率签约。在求职过程中，很多大学生会制作多份简历，广撒网，遇到用人单位就投，还有的在网络招聘网站上注册，群投简历；接到用人单位的录用通知，就着急签约，丝毫不注意自己和用人单位的权利义务是否对等、协商好的待遇问题是否能兑现等；签约之后又发现实际情况与自己所希望的不符，随即违约。

2. 大学生违约的不良影响

违约率的节节攀升对毕业生、用人单位、学校乃至社会都会带来损失和不利影响。

（1）对违约的大学生而言。就业协议一般会规定违约金，违约一方面意味着大学生要向用人单位进行赔偿，担负经济损失；另一方面，违约使大学生自身的信用价值受到影响，甚至这一影响会带入新用人单位对其初始的评价当中。违约不仅使学生受到经济上的有形损失，还使学生浪费了时间，错过了机会，耗费了心力，也影响了学生个人的声誉，使其受到了很大的无形损失。有的毕业生的实习单位就是原签约单位，违约还使其毕业实习无法正常完成，影响其正常毕业。而且违约的学生，在不断比较选择的过程中，容易迷失个人的择业标准，从而形成心理上的惯性，毕业后，如果工作稍不如意也会轻易跳槽，这样会给未来的职业生涯的发展留下“硬伤”。

（2）对就业单位及其他大学生而言。签约之后的违约，既是对用人单位资源指标的浪费， 又是对其他大学生竞争者造成了就业机会的流失以及就业失败的心理压力。用人单位招收毕业生需要做很多的准备工作，花费大量的人力、物力和财力，一旦毕业生毁约，就会对单位造成直接的经济损失，招收的人员数量不够，还要重新准备招聘工作。

（3）对高校而言。校园双选会很好地为大学生就业提供了机会。但如果通过校园平台签约的大学生草率违约，势必会影响用人单位对该高校毕业生的教育质量和信誉度产生怀疑， 使高校与用人单位的长期合作关系受到影响或阻碍，从而最终影响大学生就业工作的进一步推进。大部分的用人单位都是采用参加学校举办的招聘会招收毕业生的，因此，它们一般会把学生违约行为视作学校管理的问题，就会对学校产生不信任，更甚之可能未来不再参加该学校的招聘会，影响学校和用人单位的合作。

（4）对社会的影响。毕业生违约率的上升，使有些用人单位不敢或不愿录用应届毕业生，整个高校毕业生就业的市场因此更加严峻。有的单位即使录用毕业生，也顾虑重重，除了招聘时精心挑选、层层考核，签约时也设置不少条件，以防万一，而且对学生在上岗后的深层次培养和投入也会相对减少。结果必然导致整个社会人力资源使用的成本增加，人才培养的周期延长，人才的正常流动被干扰。

3. 坚守职业道德，慎重选择职业

大学生违约的原因有很多，大体包括大学生自身原因和影响其的外部环境因素。其中内因里，学生职业道德观念的淡漠和个人心态的不成熟是主要原因。在没有意识到职业道德对一个人长远职业发展的重要性时，只聚焦于找“好工作”，而不在乎“如何找”，职业道德中最根本的诚信原则也被抛诸脑后。对自己定位不清，缺乏客观成熟的评估，心态浮躁脆弱，盲目攀比，见异思迁。进入工作单位后，也容易这山望着那山高，导致频繁跳槽。有人将“90后”职场新人跳槽的现象归类汇总为三种，分别是“说走就走，不打任何招呼”“裸辞，陷入试错怪圈”“连续请假，实则含蓄跳槽”。这些都不利于个人长远的职业发展。认清自己的方向，慎重选择职业，坚守职业道德，实现自我价值。

第二节　职业价值观与职业态度

◎职业价值观

俗话说：“人各有志”。所谓“志”，在职业选择上体现的就是一个人的职业价值观，指的是明确、自觉、坚定地选择某种职业的态度和行为，对一个人的职业目标和择业动机起决定性作用。

1. 职业价值观的内容

职业价值观是指人生目标和人生态度在职业选择方面的具体表现，也就是一个人对职业的认识和态度以及他对职业目标的追求和向往。大学生职业价值观是择业活动中大学生的人生观、价值观、世界观深层次的综合反映，其内涵包括职业认知状况、职业理想目标、职业评价方式、职业选择结果的比较稳定的根本看法和态度。

2. 职业价值观的变化

职业价值观表明一个人想要通过工作得到什么，如金钱、地位或者其他。由于个人的身心条件、年龄阅历、教育状况、家庭背景、兴趣爱好等方面的不同，人们对各种职业有着不同的主观评价。从社会来讲，由于社会分工的不同和社会生产力水平的变化，各种职业在劳动性质内容上，在劳动强度和难度上，在劳动待遇和条件上，都存在着差别。再加上每个人所受的教育及社会经历不同，所以各类职业在人们的心中的声望地位也会各不相同。

3. 找寻自我的职业价值观

对个人而言，选择一份符合自身职业价值观的职业，更乐于积极愉快地投入工作中，更容易取得成功。同时将个人的发展和选择主动融入时代和社会发展的新形势中，审时度势，提高眼界，才能在激烈的竞争中不迷失自己，实现个人的价值和梦想。

阅读小贴士　职业价值观的分类有哪些？

（1）收入与财富。工作能够明显有效地改变自己的财务状况，将薪酬作为选择工作的重要依据。工作的目的或动力主要来源于对收入和财富的追求，并以此改善生活质量，显示自己的身份和地位。

（2）兴趣和特长。以自己的兴趣和特长作为选择职业最重要的因素，能够扬长避短、趋利避害、择我所爱、爱我所选，可以从工作中得到乐趣、得到成就感。在很多时候，会拒绝做自己不喜欢、不擅长的工作。

（3）权力地位。有较高的权力欲望，希望能够影响或控制他人，使他人照着自己的意思去行动。认为有较高的权力地位会受到他人尊重，从中可以得到较强的成就感和满足感。

（4）自由独立。在工作中能有弹性，不想受太多的约束，可以充分掌握自己的时间和行动，自由度高，不想与太多人发生工作关系，既不想制人也不想受制于人。

（5）自我成长。工作能够给予接受培训和锻炼的机会，使自己的经验与阅历能够在一定的时间内得以丰富和提高。

（6）自我实现。工作能够提供平台和机会，使自己的专业和能力得以全面运用和施展，实现自身价值。

（7）人际关系。将工作单位的人际关系看得非常重要，渴望能够在一个和谐、友好甚至被关爱的环境中工作。

（8）身心健康。工作能够免于危险、过度劳累，免于焦虑、紧张和恐惧，使自己的身心健康不受影响。

（9）环境舒适。工作环境舒适宜人。

（10）工作稳定。工作相对稳定，不必经常担心出现裁员和辞退现象，免于经常奔波找工作。

（11）社会需要。能够根据组织和社会的需要响应某一号召，为集体和社会做出贡献。

（12）追求新意。希望工作的内容经常变换，使工作和生活显得丰富多彩，不单调枯燥。

（资料来源：https://baike.baidu.com/item/职业价值观/5008857?fr=aladdin）

◎职业态度的内容

态度的一个简单的定义是人们如何感受事物。换句话说，态度就是你与其他人交流时的总体感受。职业态度，即在职场中与他人交流的总体感受。根据哈佛大学戈尔曼博士的研究，重要的职业态度包括以下两大因素。

1. 情感因素

情感因素主要有三个方面。第一，自我觉察力，是指导我们不断调整工作表现，减少失控情绪，适应工作环境要求的重要能力。自我觉察力使一个人能保持进取心，获得发展；第二，自我调控力，控制自己内心世界的活动及冲动的能力，自我调控力意味着能有选择地表达我们的情绪；第三，成就动机，这是引导自我提高并争取优秀业绩的内驱力，也是我们的工作动力。戈尔曼认为，当我们投入自己热爱的工作，挑战自己的能力时，就会进入神驰状态。这种浑然忘我是工作时的最大激励，能在工作中进入神驰状态是一种最高的推动力。

2. 社交态度

除了以上个人的情感因素，戈尔曼还认为社交态度在职场上处理人际关系中有重要的作用。主要表现为：理解别人，能理解别人的想法及感受，有倾听的技能；成人之美，了解他人的发展需求，并且给予支持及协助；集思广益，接纳不同人的差异性，尊重来自不同背景的组织成员；政治敏感力，能正确解读群体的情绪倾向，把握组织内关键的力量关系。

也就是说，你想要在工作上有突出的表现，除了具备专业技能外，还需要端正自己的职业态度，这样才能胜券在握。

◎大学生良好职业态度的养成

对于大学生来说，无论将要从事什么样的职业，也无论自身职业能力强弱，态度永远是第一位的。培养自身良好的职业态度，是迈向成功职场的必备要素。

1. 择业态度培养

择业态度是同学们在面临就业选择时的态度，合理评估现实和自己，务实进取地做出选择。良好的择业态度体现在以下几个方面：首先，就业目标与自身实力相匹配；其次，避免理想主义，如果把“钱多事少离家近，位高权重责任轻”作为唯一的工作期望标准，难免会不断碰壁和失望；再次，避免从众心理，结合自身特点，最合适的才是最好的；最后，既不骄傲自大也不妄自菲薄，不怕挫折，迎难而上，积极乐观地择业、就业[2]。

2. 敬业精神培养

敬业精神是每个人在从事职业过程中体现出的高度责任感和崇高荣誉感，任何类型的单位在选择人才时都十分看重敬业精神。具备良好敬业精神的人对待工作往往都是恭敬的态度，既不会经常迟到、早退、请假，也不会在工作中做事马虎或拖拖拉拉。敬业的人能够主动工作且对待工作有责任心，工作中往往追求完美、精益求精，不怕付出与辛苦。敬业往往引领人们一步步走向优秀并卓有成就。

3. 乐业态度培养

乐业是对自己从事的工作感到幸福或快乐。这是更高的一个境界。所有的职业都有其趣味，只要愿意，对所从事的职业就能乐在其中，为什么呢？梁启超先生曾智慧地给出四条理由："第一，因为凡一件职业，总有许多层累、曲折，倘能身入其中，看它变化、进展的状态，最为亲切有味；第二，因为每一职业之成就，离不了奋斗，一步一步地奋斗前去，从刻苦中将快乐的分量加增；第三，职业性质，常常要和同业的人比较骈进，好像赛球一般，因竞胜而得快乐；第四，专心做一职业时，把许多游思、妄想杜绝了，省却无限闲烦恼。"有业是前提，敬业是基础，乐业是最高境界[3]。

4. 勤业态度培养

勤业指的是同学们进入职场后，对待工作要兢兢业业，踏实勤奋，埋头苦干。一方面要刻苦钻研，努力提高业务水平；另一方面要从容面对挑战，不断提高自己。勤于学习基于勤于观察，勤于思考结合勤于实践，依靠勤奋和努力拼搏的态度，打造属于自己的天地。

5. 奉献精神培养

奉献精神是中华民族的传统美德，在职场中，尤其对于职场新人来说，不怕吃亏，甘于奉献是立足长远职业生涯的大智慧。乐于奉献，才能热忱服务，恪尽职守；善于奉献，才能精益求精，开拓创新。

阅读小贴士　改善态度的三个步骤

形成积极的态度，消除负面的态度，是最好的自我变革，但是该如何开始呢？没有适合于所有人的规则，然而，如果你有勇气改变自己的话，尝试做以下三个改善态度的步骤，对你的报偿就是你会具有更加积极的态度。

（1）找出你想要改善的态度，将它简要地写出来，始终记住希望自己努力达到的目标。头脑中的图像必须要清楚，而且经常这样做，就会直接影响你的行为模式。

（2）努力形成这些态度，让它成为你理想中自我人性的反映，成为你人格的目标。

（3）将自我理想中人格的形象当作自我行为的榜样。通过实践和努力，你能够逐渐将理想中的行为变成习惯行为，且改善后的态度会改变你的人格。

第三节　职业心态

◎什么是职业心态

心态的好坏常常决定着人们的命运。职业心态指的是在职业当中，应该根据职业的需求，表露出来的心理感情，即指职业活动中的各种对自己职业及其职业能否成功的心理反应。它是一个人在职场中体现出的性格和态度，对职场成功有重要决定作用。职业心态由一般性职业心态和专业性职业心态组成。我们所说的主要是共性的、所有职业都需要的一般性职业心态，如团队的心态、学习的心态、双赢的心态等。专业性职业心态更多地是由于不同的职业环境要求所历练形成，具有特殊性，这里不做讨论。

◎健康职业心态的养成

不同的人，由于不同的人生追求，在面对相同的职场境遇时也会表现不同。春风得意时，有人喜形于色，有人低调内敛；遇挫失败时，有人郁郁寡欢，有人抱怨连连，如何在风云变幻的职场中顺利应对，如何在工作和生活中找到平衡？健康的职业心态必不可少。

1. 归零的职业心态[4]

在大学的学习中你或许取得了一些成绩，可当要进入职场时，只有把内心归零，才能以全新的精神面貌去开始一份工作，才能达到放下的境界。而放下的境界决定着同学们未来的发展空间。在职场中，学会把心归零，放下过去的荣耀，快速融入新的环境。记住自己的优秀和成功只是过去努力的印记，并不代表未来也能享有同样的优秀，只有时刻归零，让自己处于放下的境界，你才能不断进取、不断超越自我，攀上人生道路的更高峰！

☑ 案例分析

案例： 小林是工商管理专业大四的学生，在学校由于成绩优异，每年都荣获国家奖学金，课余时间积极参与学生会活动和各种社团活动，大二时担任学生会学习部部长一职，还被评为当年的优秀学生干部。临近毕业，他开始面临就业选择。小林想去企业工作，自信满满，希望找到跟自己专业对口，具有管理工作性质的岗位。在校园招聘季，他只认准各大公司管理岗招聘职位，认为凭借自己在大学期间的学习成绩和表现可以至少从销售经理级别开始做起，可在投简历和面试的过程中屡屡碰壁。

案例点评：小林遇到的问题是没有客观认识就业环境，高估了大学阶段自己所取得的成绩对职场的作用。小林心仪的销售经理岗位也需要从销售员这一最基层的岗位锻炼，一步步获得职场管理岗位所需要的能力和经验。从大学到职场，只有用谦虚的心，让自己归零，才能合理定位，继续学习和成长，才能取得新的成功。

2. 积极乐观的职业心态

积极乐观是我们很多人都希望拥有的健康职业心态。一不轻言放弃，二不怨天尤人，这需要同学们不断历练自己。要有开悟的精神，把生命和生活看透而不是看破；增强抗挫折的耐力；树立正确的思维方法；学会享受过程；活在当下，全身心投入；学会感恩；不要自责，相信自己；学会压力管理；培养远大的志向和宽广的胸怀；培养热心生活和乐观的生活态度；培养坚定的信念。

3. 包容的职业心态

包容是处世的大智慧，只有包容，才能在善待他人的同时也成全自己。心胸狭窄的人，心中容不下一粒沙子；心胸宽广的人，心中可以包容整个世界。随着我国国力的增强和国人对教育重视程度的不断提高，当代大学生的成长环境大多数都较为优越，使得他们习惯于以自我为中心，个性张扬。进入职场后，则需要时常提醒自己严于律己，宽以待人，以平和面对得失，在豁达包容中获得快乐和实现成功。

☑章节回顾

本章介绍了影响大学生职业发展前景和潜力的重要因素，包括良好的职业道德、合理的职业价值观与职业态度以及健康的职业心态。阐释了这些影响因素的内涵以及如何培养和修炼自己，由内而外，内外兼修，提升职场竞争力。

☑ 参考文献

［1］程旭楠．大学生就业毁约现象的成因及教育对策研究［J］．科技风，2015，（14）：183．

［2］王冬．大学生良好职业态度的培养研究［D］．济南：山东师范大学，2012．

［3］梁启超．饮冰室合集［M］．北京：中华书局，1989．

［4］张林娜．修炼你的职业心态［J］．中国大学生就业，2006，（05）：49-50．

第七章　敲定决策，前程无忧

☑ 本章导读

经过前面的学习，我们已经了解到职业生涯能够成功发展的核心，就在于所从事的工作要求正是自己所擅长的。如果一个人性格内向、不善与人沟通，没有很好的交际意识，那么这个人就很难成为一名成功的管理人员。从事一项自己擅长并喜欢的工作，工作会很愉快，也容易脱颖而出。这正是成功的职业规划核心所在。然而同一领域内仍然会出现多个相似而又不同的岗位，如何在其中做出合适的选择，让自己通往成功的远方，需要在职业选择和发展过程中不断地抉择。本章将围绕决策的过程、模式、影响因素等，带领大家做好决策，前程无忧。

☑ 案例分析

案例1：小林是一名计算机科学与技术专业的大四学生，在校期间表现优秀，专业成绩特别突出。小林一直向往进入IT企业工作，并且希望未来的工作内容与自己的专业有紧密的联系。但是小林进行实习的IT企业决定正式录用他的时候，提出希望他由技术支持岗位转到销售岗位，因为人力资源主管说他性格非常外向，适合做销售，同时公司销售岗位也有空缺。这件事情让小林困扰不已。他一直以来的所有努力都是为了将来从事计算机的技术工作，如果转做销售，那么多年来的专业知识就似乎都浪费了。然而不接受这个机会，也挺可惜的，毕竟这家公司无论是培训、薪酬还是环境等各方面条件都很不错。小林为此十分焦虑，拿不定主意。

案例2：小琴是一名大三的女生，学习市场营销专业。学习成绩一般，没有挂科，但是也不突出。本来四年级的时候学校会安排同学们外出实习，但是小琴发现周围有很多同学已经开始自己在外面找工作了。小琴的家庭条件并不好，父母都在务农，还有一个弟弟在上学，所以小琴开始犹豫，自己是不是也应该早点出去找工作、挣钱，给家里减少负担。但是如果现在就外出找工作，必然会耽误很多课程。

以上的两个案例，都是大学生面临职业决策时常见的困扰。职业决策的困扰，是指个人在职业选择过程中，面临最后决策时，不知道要从事什么职业或从几个职业中挑选一个的时候产生困扰。这在即将面临就业的毕业生中非常普遍，并且可能影响大学生的顺利就业。小林产生职业决策困扰，主要是因为对自我认识比较模糊、对职业缺乏深入了解；小琴面对实习和工作陷入两难，主要是因为对科学决策缺乏方法和技巧。

第一节　职业决策的风格

决策不是一件容易的事情，同时它又是一件无法回避的事情。从我们早晨醒来到夜晚入睡，都在不断地做决定：如何安排这一天的时间，穿什么衣服，吃什么食品，读什么书，与什么人交往，等等。当你清晨听到闹钟铃声，考虑是继续睡下去还是立即起床的时候，你已经在做选择。你的生活充满了成百上千个日常琐事的决定。通常，一个决定对你越重要，决策也就越困难。挑选一双鞋要比挑选一个职业容易，可见，决策是不可避免、不断发生而又有点难度的人类活动。那么，我们通常采用一些什么方式来进行决策呢?

◎三分法

著名职业生涯学者哈瑞恩（Harren）的研究表明，大部分人的职业决定方式可以归纳为以下三类[1]。

1. 理性型

这种类型的人崇尚逻辑分析，往往在系统收集足够的自我和环境信息基础上，权衡各个选项的利弊得失，按部就班地做出最佳的决定。

2. 直觉型

这种类型的人是以自己在特定的情景中的感受或者情绪反应，直接做出决定。这种风格的人做决定全凭感觉，比较冲动，很少能系统地收集相关信息，但他们能为自己做出的抉择负责。

3. 依赖型

这种类型的人常常是等待或者依赖他人为自己收集信息，然后做出决定，比较被动和顺从，做选择时十分注重他人的意见和期望。他们以社会赞许、社会评价和社会规范作为做决定的标准。

◎五分法

美国职业生涯专家斯科特（Scott）和布鲁斯（Bruce）认为决策风格是在后天的学习经验中逐渐形成的，他们将决策风格划分为以下五种类型。

1. 理智型

以周全的探求，对选择进行逻辑性评估为特征。理智型的决策者具备深思熟虑、分析、逻辑的特性。这类决策者会评估决策的长期效用并以事实为基础做出决策。理智型决策风格是比较受推崇的决策方式，强调综合全面地收集信息、理智地思考和冷静地分析判断，是其他决策风格的个体需要培养的一种良好的思考习惯。但理智型的决策风格也并不是理想的、完美的决策方式，即使采用系统的、逻辑的方式，也会出现因为害怕承担决策的后果而产生不能整合自己和他人观点的困扰。

2. 直觉型

以依赖直觉和感觉为特征，比较关注内心的感受。直觉型的决策风格以自我判断为导向，在信息有限时能够快速做出决策。当发现错误时能迅速改变决策。由于以个人直觉而不是理性分析为基础，这类决策发生错误的可能性较大，因此，易造成决策不确定性，直觉型决策者容易丧失信心。

3. 依赖型

以寻求他人的指导和建议为特征。依赖型的决策者往往不能够承担自己做决策的责任，允许他人参与决策并共同分享决策成果，会受到他人的正面评价，但也可能因为简单地模仿他人的行为导致负面的反应。依赖型的决策者需要理解生活中他人对自己的影响程度。

4. 回避型

以试图回避做出决策为特征。回避型的决策风格是一种拖延、不果断的方式。面对决策问题会产生焦虑的决策者，往往因为害怕做出错误决策而采取这样的反应。由于决策者不能够承担做决策的责任，而倾向于不考虑未来的方向，不去做准备，不知道自己的目标，也不思考，更不寻求帮助。这样的决策者更容易受到学校等支持系统的忽略。所以，这些学生需要意识到自身的决策风格及其可能造成的危害，努力调整，增强职业生涯规划的意识和动机，才能从根本上得到帮助。

5. 自发型

以渴望即刻、尽快完成决策为特征。自发型的个体往往不能够容忍决策的不确定性以及由此带来的焦虑情绪，是一种具有强烈即时性，并对快速做决策的过程有兴趣的决策风格。自发型决策者常会基于一时的冲动，在缺乏深思熟虑的情况下做出决策，此类决策者通常会给人果断或过于冲动的感觉。

◎八分法

丁克里奇（Dinklage）提出，人们通常采用下面这几种决策模式[2]。

1. 痛苦挣扎型

有些人会花很多的时间和精力来收集信息，确认有哪些选择，向专家询问，反复比较，却迟迟难以做出决定。他们常爱说的一句话是“我就是拿不定主意”。出现这种情况的时候，收集再多的信息进行分析比较也无济于事。需要弄清的是他们被一些什么样的情绪和非理性信念困住了，如害怕自己做出错误的决定、追求完美等。

2. 冲动型

与痛苦挣扎型相反，有的人遇到第一个选择就紧紧抓住不放，不再考虑其他的选择或进一步收集信息。他们的想法是：“先决定，以后再考虑。”比如，先找到一份工作做了再说。冲动的决策方式可能是出于对困难的回避，不愿意花时间、精力去探索。这种方式的危险在于风险太大，等看到有更好的选择时自然追悔莫及。

3. 直觉型

有一些人将自己的直觉感受作为决定的基础。他们通常说不出什么理由，一味表示：“就是觉得这个好。”人们在择友的时候常常采用这样的决策方式。直觉在人们对环境情况无法获得充分信息的时候会比较有效，但它有可能不符合事实。有时候，我们的判断可能会因自身先入为主的偏见而产生较大的误差。因此，我们不能仅仅将直觉作为决策的依据。

4. 拖延型

有些人习惯将对问题的思考和行动都往后推迟，“过两天再考虑”是他们的口头禅。大学生常见的“我还没有准备好工作，所以打算先考研”，就是这种方式的体现。拖延型的决策者心中暗暗抱有这样的希望：也许事情过几天就自动解决了。然而，问题并不会自动解决，有时候甚至会越拖越严重。如果你现在不知道该怎么找工作，那么读完研究生也未必就能知道。

5. 宿命型

有些人不能自己承担责任，而将命运委诸外部形势的变化。他们会说“该怎么样就怎么样吧”或“我这个人永远也不会走运”之类的话。当一个人将自己生活的主导权交给外界环境的时候，可以预见，这个人是很容易觉得无力和无助的。这样的人容易成为环境的“受害者”，怨天尤人，却没想到自己的处境正是由于放弃了个人对生命的“主权”而造成的。

6. 顺从型

有些人倾向于顺从别人的计划而不能独立地做决定。他们常说：“只要他们都觉得好，我就觉得好。”比如，很多大学生一窝蜂地争取出国、进外企、考研、参加各种培训班，只因为“大家都这样做”。从众的人固然在追随群体的过程中获得了一种虚假的安全感，但却忽略了自身的独特性，这造成他们的选择在很大程度上并不适合自己。他们在不必费心思考的同时，也牺牲了对生命可能有的满足感。

7. 瘫痪型

有时候，个体可能在理性上接受了应当自己做决定的观念，却无法开始决策过程。他们知道自己应该开始了，可在内心深处总笼罩着“一想到这事就害怕”的阴影。事实上，他们无法真正为决策和决策的后果承担责任，而这种害怕承担责任的心理可能又源于家庭在其成长过程中长期的不当养育方式。

8. 计划型

这种类型的人做决定时会倾听自己内在的声音，也会考虑外在的环境要求，以做出适当的决策。

想一想，你在生活中曾经采取过哪些决策模式？你最常用的是哪种？根据对“自己”和“环境”认知的多少，还可以将上述8种决策类型做如表7-1所示的划分。

表7-1　决策类型的划分

<table>
<tr><td colspan="2" rowspan="2"></td><td colspan="2">自己</td></tr>
<tr><td>未知</td><td>已知</td></tr>
<tr><td rowspan="2">环境</td><td>未知</td><td>困惑和麻木型决策
痛苦挣扎型、拖延型、瘫痪型</td><td>直觉型决策
冲动型、直觉型</td></tr>
<tr><td>已知</td><td>依赖型决策
顺从型、宿命型</td><td>信息型决策
计划型</td></tr>
</table>

以上这几种类型的决策模式，根据情境和其后果重要性的不同，会产生相应程度的作用。比如，我们常常用“冲动”的方式决定晚餐点什么菜或买下一件新衣服，其后果不会对我们的生活造成太大的影响，甚至会给自己或他人带来惊喜。我们也常常用“直觉”的方式交到很好的朋友。

但是，这些决策模式用在一些重大的决定当中就不适宜了，往往会导致懊恼、耽搁时间、浪费精力等后果。就像你没有想好要买什么或不确定你的购买标准是什么就去逛街，结果往往会回家就后悔：买了一堆自己不需要或不是真正喜欢的衣物。买衣服尚且如此，何况职业选择？从表7-1中我们可以看出，这些决策模式都存在着对自己或环境的“未知”因素。在很多“未知”因素的情况下决策，显然容易导致风险过大而结果不那么令人满意。

☑ 案例分析

案例：燕子是一位品学兼优的电子信息类专业硕士研究生，不仅学习成绩好，在教研室做科研也是一把好手，并且热衷于班级事务，在就业动员时，被确定为支部就业负责人，各种就业信息都是通过她传达到支部其他成员的。燕子的男友在成都工作，因此，她下定决心就在成都找工作，其他地方再好的工作都一律不考虑。进入求职阶段后，同学们都陆续找到工作了，燕子并不着急，因为成都并没有太适合她的工作，她也并没为因为其他同学找到成都以外的工作而羡慕。一转眼，一学期过去了，日历翻到新的一年，2017届的同学基本上都纷纷找到工作了，燕子还在苦苦等待成都的工作机会。从求职开始到现在，其实有许多专业对口、大家都认为非常好的单位到学校来招聘，老师也向单位推荐过燕子，燕子也曾去面试过，有好几家单位都认为燕子条件不错，给她发了录用通知，但都因工作地点不在成都而被燕子拒绝了。3月份过去了，找到工作的同学都在积极准备毕业答辩，憧憬着到新的工作岗位施展拳脚，燕子却还在为找工作而苦恼。这时，来学校招聘的单位越来越少，就业信息也不再侧重于燕子的专业了。燕子开始着急了，多次找到辅导员，要辅导员为她推荐工作，但这时较好的工作单位早已招聘结束，少量单位还需毕业生，但其专业需求与燕子的专业都不对口。只有成都一些较小的民营企业有长期用人需求。临近毕业了，燕子还没在成都找到满意的工作，为了留在成都，她只好无奈地选择了一家规模较小、收入待遇也很一般的小企业。她说，等工作以后再重新慢慢寻找工作机会。

案例点评：像燕子这样对工作地域有强烈限制的学生不在少数，他们往往为了某些原因，放弃了许多非常好的就业机会。自己苦学了多年的好专业，在他们选择的城市却并不一定有好的就业单位，毕业求职时是他们较好选择工作单位的机会。对于电子信息类专业的硕士研究生来说，专业的自身优势为学生创造了良好的就业环境，但如果在就业时不放宽眼界，对地域或行业性质有太强的要求，学科优势就突显不出，反而面临就业难的尴尬境地，由主动就业变为被动就业，也为今后的职业发展设置了瓶颈和障碍。

阅读小贴士　如何正确地面对职业决策的过程

首先，深入了解自己的就业意愿，结合目前自己的现实状况和家庭、个人情况，对自我进行合理定位，分析就业形势，把学科优势变为就业和今后发展的真正优势。

其次，在遇到挫折后积极分析就业客观形势，找出自己的优势和不足，并对其中局限在地域、具体职位上的想法予以一些转变。

最后，寻求就业心理辅导，包括对自己及周围环境的正确认识，个人职业规划及发展与个人生活的关系和侧重点。

练习题

假如你是一名即将毕业的学生，在即将面临职业决策时，请分析你的优势和劣势分别有哪些。

第二节　职业决策中的挑战

决策何以难为？这是因为决策总是具有风险性，要求我们为其后果承担责任，同时，影响决策的因素相当复杂，而且其中有相当多的阻碍。

◎决策的风险性

前面我们已经说过，我们在日常生活中无时无刻不在做决定。根据决策的不同风险性，我们可以将决策大致分为三种不同的情况。

1. 确定无疑的决策

所有的选择及其结果都清楚明白的决定。比如，一幢教学楼有左右两个楼梯，而上课的教室位于大楼的右侧，从右边的楼梯上楼到教室要近一点，那么去该教室上课的同学可能就会选择走右边的楼梯。

2. 有一定风险的决策

有多种选择，每种选择的后果虽然不完全确定，但个人在一定程度上知道可能会有什么样的结果。比如，一个大学生决定中午在食堂吃什么，因为他天天都在这个食堂吃饭，大体上他知道食堂提供的各种饭菜的味道如何，是否适合自己的喜好，但有一些饭菜，他从来没有品尝过，另外，食堂师傅的炒菜水平也可能有波动。因此对于各种选择的结果并不能完全确定。

3. 不确定的决策

对于有哪些选择，各种选择相应地会产生什么样的结果，几乎完全不清楚。比如，你想投资炒股，但是你对股票完全不懂，对于股市行情不能判定。

从决策的分类中，我们可以看到：做决定时，通常都不可能知道全部的信息。也就是说，大多数决定都有预测的成分，都具有不确定性和风险。如果我们对一件事做决定，就意味着我们要为该决定的结果承担责任。可是，我们无法确保决策的结果总是有利的——我们总有犯错误的可能，所以，这种责任也必然伴随着一定程度的焦虑和不安。

决策的风险使得很多人采取了听天由命、随大流或让父母等他人做主的方式，来逃避对决策结果所要承担的责任。但这样的人在逃避决策和责任的同时，也逃离了自由。因为世上万事，几乎总是有风险。

◎决策的复杂性

决策难为的另一个原因是它的复杂性——有诸多因素可能会影响到我们的决策。著名的职业辅导理论家克朗伯兹（Krumboltz）将影响个人职业决策的因素划分为以下四类。

1. 遗传和特殊能力

遗传和特殊能力即个人得自于遗传的一些特质，如种族、性别、外表特征、智力、个人天赋等，在某种程度上决定了个人的职业表现及影响到个人的生涯。例如，在现阶段的大学生就业中，性别因素仍然不可否认地影响到求职者是否有机会参与面试和被录用。而身高、体形、健康状况等先天条件在诸如模特、文艺工作者、军人等职业的招募中也占据了重要的地位。

2. 环境和重要事件

环境和重要事件包括人类活动（如社会、文化、政治、经济活动，家庭、教育活动）的影响和自然力量（如自然资源的分布或自然灾害，如地震、洪水以及干旱）的影响。很显然，家庭的社会经济地位（如是偏远农村还是沿海城市，是否是贫困家庭）、家庭对于个人的期望（如是否重视教育）、所在地区的教育水平等，都会很大程度地影响到个人的求学背景和发展机会。而像“改革开放”这样重大的社会政治经济变革，也极大地改变了社会中千万人的人生轨迹。

3. 学习经验

这里所说的“学习”是广义的学习，即每个人在日常生活中不断积累的经验和认识。例如，一个孩子在与小伙伴玩耍的过程中，发现如果自己愿意与伙伴们分享玩具，别人就会更乐意跟自己玩，那么，这个孩子可能由此学会了“分享”“合作”。而如果父母总是为自己的孩子包办一切，不允许他有自己独立的想法或喜好，那这个孩子就学会了“不负责任”，这样的孩子长大到该独立进行职业决策的时候就很难承担决策的责任，也没有自己的主见。再比如，某小学生恰好遇上了一位特别和蔼可亲、循循善诱的数学老师，于是对数学产生了浓厚的兴趣，对教师这一职业也怀有美好的向往，在成年后，他最终选择数学教师作为自己的终生职业。由此可见，每个人在其成长过程中都积累了无数的学习经验。个体的学习经验是独特的，而这对于个体的职业生涯选择又具有重要影响。一个人是自信还是自卑、敢于冒险还是畏惧文化，他怎样看待他人，他对于教师、医生、警察等各种职业有什么样的印象，他更看重工作带来的成就感还是与家人相处的时间……这一切，无不与个人的学习经验有关。

4. 职业因素

受到上述种种因素的作用，个人在面临一项任务时，会表现出特定的工作习惯、解决问题的能力、心理状态、情绪反应和认知的历程，这称为“任务取向的技能”。比如，面对找工作这件事情，同一个班里所有的同学都没有经验，都感到犯怵。但其中有的人可能会积极地面对，会想到利用学校就业指导中心所提供的各种信息和资源（例如，选修职业生涯规划课程、听讲座、参加学校组织的各种考察实践活动等），向自己的亲友、老师和高年级的同学请教，之后会开始探索和思考自己的兴趣、能力，并着手联系实习的机会。这样，当他们到了找工作的时候，已经对自己和劳动力市场都有了相当的认识，也积累了不少的信息和资源，可以说是胸有成竹了。而另外一些人则一味地拖延，不去面对，直到找工作时才开始着急，或寄希望于某个亲戚能够帮助自己找一份工作，或埋怨学校不帮助毕业生联系就业单位，最后草草找到一个单位了事。在这个过程中，不同的人所表现出来的心态、习惯和能力，其实反映了他们不同的任务取向的技能。

在平时生活中，你可以有意识地多审视自己的观念，看看它们是否合理，有没有对你的生涯发展造成阻碍。你还可以与他人谈论或阅读这方面的有关书籍。不断反思和更新自己的观念，这是个人成长的重要内容之一。

◎职业决策中的阻碍

职业阻碍就是任何人难以实现某一职业目标的障碍或挑战。它分为内部阻碍和外部阻碍两种。内部阻碍就是那些存在于我们自身的障碍，通常我们对之有较大的控制力，如焦虑、拖拉等。外部阻碍则来自外界，是我们难以控制的，如就业中存在的重男轻女现象。但我们往往把外部阻碍想象得过多、过大，这也是我们上面讲到的非理性观念的一部分，实际上属于内部阻碍。在生涯决策中，我们需要明辨内部阻碍和外部阻碍，才能采取相应的决策。

个人出现决策困难的情形，通常又分为以下两种。

1. 生涯不确定

这是正常的发展性的问题。大学生还处在生涯探索阶段，在以前的学校教育中又缺乏与职业生涯规划相关的内容，造成大学生普遍不了解自己的兴趣或能力、价值观不清晰、缺乏关于工作世界的信息等状况，因此难以进行生涯决策。这种情况通常只要得到关于自我认识、工作世界介绍等相关的信息即可解决，而这可以通过选修生涯规划课程、阅读相关书籍、参加社会实践活动等实现。

2. 生涯犹豫

这是由个人特质引起的，如个人兴趣与能力有差异，个人偏好与社会期待有冲突，价值观受到环境条件限制，非理性生涯观念桎梏等。比如说，有的人由于自信心不足，极大地阻碍了其对于职业的憧憬与选择；有的人虽然做出了初步选择，却感到非常焦虑；还有的人，虽然经过多方的探索，在职业兴趣方面却仍然相当混乱，等等。这一类的学生需要较长时间的个别的生涯辅导，甚至是心理咨询和治疗，才能帮助他们提升自我价值感，增进对自己的信任，并在此基础上改善他们的决策能力。

☑ 案例分析

案例：小陈马上要硕士毕业了，面对工作选择，他有些犯难。一种选择是去某个三本院校做教师，这样女朋友会高兴，因为那个学院在女朋友的老家；另一种选择是去考公务员，这样亲戚朋友会很高兴，因为工作体面；还有一种选择是去某家公司，这家公司与自己的专业非常匹配，但是离家远，而且收入也一般。为了这个选择，小陈纠结了很久。小陈非常痛苦，甚至有朋友建议他去算卦。小陈想，如果倒退三十年，计划经济下等待学校分配，自己就不用犯愁了。

案例点评：显然，小陈同学面临着巨大的决策困难。这其中的原因有三个：一是小陈对自己的职业定位不清楚；二是他对自己的能力缺乏信心；三是一直以来小陈接受着来自家庭的保护，缺乏自我。小陈从小到大一直都被父母过分地保护着，从小就被家长告知未来的目标就是好好学习，先是考中学，然后考大学，再然后考研究生，从没有认真想过考研本身的目的是什么，因此研究生毕业之后，该做人生规划时，他反而不知道该怎么办了。有了选择的自由，却没有了选择的能力。这反映出，像小陈这样的青年学生，从没有接受过自主选择人生的训练。

阅读小贴士 苏格拉底的人生选择论

苏格拉底是古希腊著名的哲学家。平时，他非常喜欢在市场、街头等各种公众场合与各类人士谈论各种各样的问题，如人生、友谊、政治、战争、道德等。

有一天，有几个学生问苏格拉底：“人生是什么？”

苏格拉底没有马上回答，而是把他们带去了一片苹果林，要求大家从苹果林的这头走到那头，每人挑选一个自己认为最大最好的苹果。但是有一个前提条件，不许走回头路，不许选择两次。

在穿过苹果林的时候，每个人都认真细致地挑选了自己认为最好的苹果。

等大家走出苹果林的时候，苏格拉底已经在那头等候了。他笑着问学生们：“你们挑到了自己满意的苹果吗？”大家你看看我，我看看你，都没有回答。

苏格拉底又问：“怎么，你们都对自己的选择不满意吗？”

“老师，请让我们再选择一次吧！”一个学生说：“我刚刚走进苹果林，就发现了一个很大很好的苹果，但是我还想找一个更大更好的，当我快要走出这片苹果林时，才发现第一次看到的那个就是最大最好的。”

另一个学生接着说：“我跟他恰好相反，我走进苹果林不久，就摘了一个我认为最大最好的苹果，可是，后来我又发现了更好的，我有点后悔。”

苏格拉底笑了笑，语重心长地说：“孩子们，这就是人生，人生只有一次！它是无法重复的选择。”

其实我们每个人面对自己的人生，都需要做以下三件事。

一是人生的每一个重要关口，都必须认真分析、郑重选择，争取不留下太多的遗憾。

二是一旦做出了选择，哪怕有些“遗憾”，也要理智面对，然后再努力创造条件去逐步改变“遗憾”。

三是假如通过努力也不能改变现实，就要勇敢地接受，而不是让自己时时处于“后悔”的阴影中，应该根据现实条件及时调整好自己，迈开大步继续向前。

练习题

请回想迄今为止，在你人生中所做的三个最重大的决定，然后思考你这三个重大决定是如何做出的，其中有何共同之处。

第三节　应对职业决策中的挑战

对于上述职业决策中的挑战，可以通过多种方法进行调节和改善。

◎决策的过程

在进行重大决策时，为了减少风险，尽可能充分地考虑到决策所涉及的多方面因素。我们推荐使用计划型决策，它由沟通（communication）、分析（analysis）、综合（synthesis）、评估（valuing）、执行（execution）五个步骤组成，简称CASVE循环，如图7-1所示[3]。

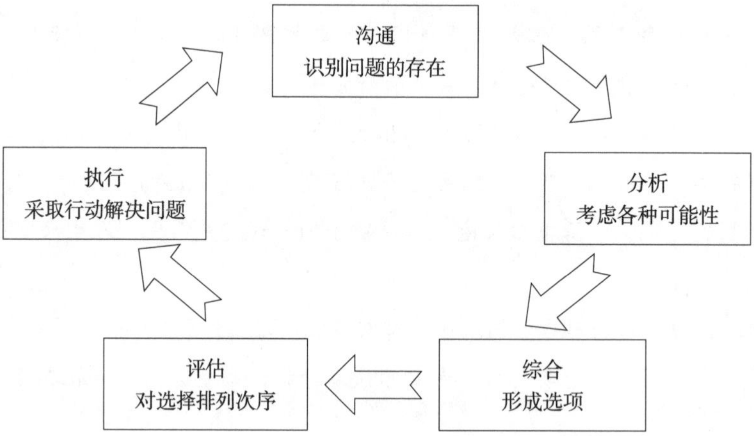

图7-1　CASVE循环示意图

1. 沟通

个人发现理想与现状有差距，意识到问题的存在。这一步是决策的开始。个人如果没有意识到自己的需要，则后面的步骤都无从谈起。只有当他们具备了职业生涯规划的意识，了解到找工作不是一蹴而就的事情，才会开始产生这方面的需求，从而进入职业决策的下一阶段。

2. 分析

将问题的各个组成部分相互联系起来，对现状进行评估，了解自己和自己可能的选择，对所有的信息进行分析。这当中还包括确认要做出的决定——决定的性质、具体的目标、决策的标准，等等。不少人将目标与达成目标的手段混淆，如为了学历而读书，但实际上学历只是手段，就业才是最终目的。可以说，分析是决策过程中最容易出现问题的阶段。许多人倾向于用简单化的方式得出结论，直接跳到执行步骤，而未能真正弄清问题的关键，也未能收集充足的信息。

3. 综合

在分析的基础上，个人形成可能的解决方法并进一步收集相关信息，确认自己的选择。这里需要注意的是，不要在没做探索之前就匆忙决定，这样会将自己的选择面限制得很窄。在生涯规划中，我们提倡先扩展个人的职业前景清单（通常要列出10个及以上可从事的职业），打开视野，充分地看到自己所拥有的可能性，再在收集信息的基础上适当压缩（缩减至3~5个最后选项）。

4. 评估

从可行性和满意度两方面评估信息，并按评估结果对所有选择进行排列，得出最终的选择。比如，可以将所有的重要价值观列成表作为评判的标准，并按每一项对所有的选择进行加权计分，最后按总分排序。

5. 执行

根据自己最终的选择制定计划，采取行动。需要注意的是，决策是一个循环的过程，也就是说，在执行之后，还需要对自己的决定及其结果进行评估，由此可能进入新一轮的决策过程。

◎决策的方法

1. 决策平衡单

在决策过程中对可能的选择进行评估排序时，需要详尽地考虑到该决定所涉及的各方面因素[4]。一个有效的方法是使用决策平衡单，它将重大决策的思考方向集中到四个主题上：个人物质方面的得失，他人物质方面的得失，个人精神方面的得失，他人精神方面的得失。

在使用决策平衡单时，可以按上述四个主题列出个人所有的重要价值观并按其重要程度赋予权重，再将它们作为评判的标准，逐项对所有的选择进行加权计分，最后按总分排序（表7-2）。

在使用决策平衡单的时候，要注意其目的不仅在于得出最后的排序结果，填写的过程也很重要。因为列举各项重要价值观、给各项价值观分配权重以及给各项选择打分的过程本身，就是在帮助个人理清自己的思维。这样一个仔细思索和反复推敲的过程，可能比单纯得出一个结果更为重要，更能够帮助个人做出适合于自己的决策。

显而易见，这样的决策方式需要比较多的时间和精力上的投入。因为和许多事情一样，决策虽然有各种方法和技巧，但却没有捷径可走。也正因为这种决定产生的结果具有十分重大的意义，我们才需要这么多的时间和精力上的投入。

表7-2 决策平衡单

考虑项目	方案一				方案二			
	得		失		得		失	
	原始分	加权分	原始分	加权分	原始分	加权分	原始分	加权分
适合自己的能力								
适合自己的兴趣								
符合自己的价值观								
满足自己的自尊心								
较高的社会地位								
带给家人声望								
符合理想的生活形态								
优厚的经济报酬								
足够的社会资源								
适合个人目前处境								
有利择偶及建立家庭								
未来的可发展性								
合计								
得失差数								

2. SWOT分析法

SWOT分析法又称为态势分析法，它是由旧金山大学的管理学教授于20世纪80年代初提出来的，SWOT四个英文字母分别代表优势（strength）、劣势（weakness）、机会（opportunity）、威胁（threat）。所谓SWOT分析，即态势分析，就是将与研究对象密切相关的各种主要内部优势、劣势、机会和威胁等，通过调查列举出来（表7-3），并依照矩阵形式排列，然后用系统分析的思想，把各种因素相互匹配起来加以分析，从中得出一系列相应的结论，而结论通常带有一定的决策性。

一般来说，职业决策中进行SWOT分析时，有以下四个步骤。

首先，评估自己的优势和劣势。列出自己喜欢做的事情，以及优势所在，找出自己不喜欢做的事情，以及劣势所在。

其次，找出职业机会和威胁。列出自己所感兴趣的一两个行业，认真评估这些行业可能面临的机会和威胁。

再次，列出自己的职业目标。列出一定时间内（如五年内）自己的职业目标。这个目标包括想从事哪一种职业，希望自己的薪酬级别达到什么水平，想要达到什么样的位置。

最后，制订自己的行动计划。列出具体目标的具体行动计划，详细说明要实现该目标，自己所需要做的每一件事情，并且规定好完成的期限。

表7-3 SWOT分析

内部个人因素	内部优势（strength）：可以自己控制并利用的内在积极因素。 如最优秀的品质、能力体现、学习经历、成功方面。	内部劣势（weakness）：可自己控制并努力改善的内在消极因素。 如性格弱点、经验上的缺陷、最失败的经历。
外在环境因素	发展机会（opportunity）：不可控制，但是可利用的外部积极因素。 如社会环境对发展目标的支持、地理位置给专业发展带来的机会、就业机会的增加。	阻碍威胁（threat）：不可以控制，但是可以弱化的外部消极因素。 如同专业大学生带来的竞争。
自己的真实卖点		
总体评价（评估制定的职业发展目标）		

练习题

小丁是一名985院校的机械设计与制造专业的本科毕业生。在校期间专业成绩优秀，多次深入到国家重点单位参与实习实训。一直担任学生干部，得到了老师和同学们的认可。但是小丁的性格有些急躁，遇事容易冲动，有时候很难踏踏实实地完成工作。现在小丁面临毕业了，想要找一份与专业相关的工作。请应用SWOT分析法，为小丁制作职业决策方案。

◎职业决策的原则

1. 理性与情感的原则

计划型决策是一种理性的决策方式，它主要采用归纳、演绎和推理的方法进行思考。在实际生活中，我们不难发现，很多人懂得做这种逻辑的、按步骤进行的利弊分析，但在得出排序结果后却仍然难以做出最终的决策。这是因为，单纯理性的决策忽略了情感的作用。

人不仅有理性，也有情感。在传统教育中，情感由于缺乏理性的可控性而经常遭到排斥和轻视。殊不知，它也是人类天性的一部分，是有其重要功能和作用的。情感往往携带着相当大的能量，否认和压抑并不会让它自动消失，反而有可能在暗地里给人造成种种阻碍。我们常见的经过长期的压抑，然后在一件小事上爆发就是这样的例子。

而且，在很多选择上，并没有绝对的“好”“坏”之分。每个人都有其独特的价值取向，个人所需要、所看重的东西不同，很难判断孰是孰非。大家只能根据自己的需要去选择。如果我们不去聆听和尊重内心深处的爱恨或直觉，而是一味听从专家意见、大众标准和热门排行，往往就会落入陷阱而无法做出正确的选择。这时，收集再多的信息、再比较权衡也无济于事，因为我们的认知和情感不一致，我们的内心产生了冲突。许多人难以做出恰当的决策，原因就在于此。

只有当情感和认知一致时，我们才会感到内在的和谐，我们才感觉自己是一个统合的、高度一致的人，我们也会更容易信任自己的选择，从而更有勇气去承担决策的责任。要做到这一点，始于对自己情绪、需求和独特性的尊重。

2. 积极的心理暗示：预演未来

我们可以了解自己理想的生活形态。其中无论是对我们的衣着、交通工具，还是对工作内容和场景的幻想，都可以告诉我们很多信息，让我们更加明确自己的理想和目标。

3. 认知调节和心理咨询

如果你认真地进行了自我探索和对工作世界的探索，也采用了上述决策方法和工具，却仍然感到混乱或难以决策，那么你可能需要更多认知上的调节。必要时，你可以求助于心理咨询师。解决了内心深层次的困扰之后，你将更有能力来处理职业决策方面的问题。

阅读小贴士　拥有目标，并为之努力，就能达到目标

曾有研究机构做过一个实验，组织三组人，让他们分别步行前往10公里以外的3个村庄。

第一组的人不知道村庄的名字，也不知道路程有多远，只告诉他们跟着向导走就行。刚走了两三公里就有人叫苦，走了一半时有人几乎愤怒。越往后走，大家的情绪越低落。

第二组的人知道村庄的名字和路程，但是路边没有里程碑，他们都需要凭经验估计行程的时间和距离。走到一半的时候，大多数人都想知道自己已经走了多远，比较有经验的人说："大概走了一半的路程。"于是大家又簇拥着向前走。但是过了一阵子，大家情绪又低落了，觉得疲惫不堪，路程似乎还有很长。这时有人说："快到了！"大家又振作起来，加快了步伐。

第三组的人不仅知道村庄的名字、路程，而且每走一公里就有一个里程碑。人们边走边看里程碑，每缩短一公里，大家便有一小阵的快乐。行程中大家的情绪一直很高涨，很快就到达了目的地。

这个故事说明，如果人们的行动有明确的目标，并且把自己的行动与目标不断加以对照，就可以清楚地知道自己的行进速度和目标距离，行动的动机就会得到维持和加强，人就会自觉地克服一切困难，努力达到目标。

☑ 章节回顾

本章介绍了大学生职业决策的几种常见风格，并根据决策中会遇到的挑战梳理了应对的方法和原则。职业决策是个人执行职业生涯规划的重要的一步，采用合适并合理的决策方法，可以更好地帮助个体有意识地提升自己、扫除障碍。

☑ 参考文献

[1] 王天哲，孙燕. 职业生涯规划与就业指导［M］. 西安：西北大学出版社，2011.
[2] 金树人. 生涯咨询与辅导［M］. 北京：高等教育出版社，2007.
[3] 王沛. 大学生职业决策与职业生涯规划［M］. 北京：科学出版社，2007.
[4] 邵晓红，郭捍华. 大学生职业生涯与发展规划（第二版）［M］. 北京：北京大学出版社，2014.